서강한국어

THIRD EDITION

WRITING BOOK

1B

머리말

<서강한국어 Writing Book 1A·1B>는 기존의 서강한국어 Student's Book과 Workbook을 3판으로 개정하면서 처음으로 출간하였습니다. <서강한국어>를 사용하시는 선생님들께서 쓰기 책 출판을 지속적으로 요청하셔서 오랫동안 서강대학교 한국어교육원에서 내부 교재로 사용하던 쓰기 교재를 정리하고 추가 집필하여 출판하였습니다.

<서강한국어 Writing Book 1A·1B>는 <서강한국어 뉴시리즈 Student's Book 1A·1B>에서 한 과당 1페이지 분량이었던 쓰기 부분을 50차시로 편성하였습니다.

<서강한국어 개정 3판 1A·1B>는 1급의 정규 과정이 200시간으로 구성된 점을 고려하여 말하기 100시간, 읽고 말하기 25시간, 듣고 말하기 25시간, 쓰기 50시간으로 구성하였습니다.

<서강한국어 Writing Book 1A·1B>는 학습자가 말하기 상호작용을 하고 난 뒤 쓴다는 점에서 다른 쓰기 교재와 차별성이 있습니다. 이러한 교수 방법은 쓰기 활동을 통해 얻은 결과물도 중요하지만 쓰기 학습 과정에서 학습자 간 상호작용을 중요시하는 서강교수법의 가치관을 바탕으로 하고 있습니다.

<서강한국어 Writing Book 1A·1B>는 학습자 간 말하기 상호작용을 통해 단어, 문장 등에 대한 발음 교정과 복습이 가능합니다. 교수자의 입장에서는 학생이 대규모인 경우에도 짝 활동이나 그룹 활동으로 수업을 진행하여 학생 전체를 모니터링하기 쉬우며 학습자 간 교정으로 학습자 간 수준 편차가 줄어들어 효율적으로 피드백을 할 수 있습니다.

<서강한국어 Writing Book 1A·1B>에서는 동료 학습자들이나 교수자와 함께 연습하는 상황을 주로 고려하되 자가 학습자를 위한 여러 편의성도 마련하였습니다.

<서강한국어 Writing Book 1A·1B>는 학습자와 교수자의 편의성을 위해 다음과 같이 구성하였습니다.

1. 사진과 그림 같은 시각적 정보가 필수적인 초급 학습자에 맞춰 컬러로 출간하였습니다.
2. 기존 쓰기 책의 텍스트 유형과 활동을 분석하여 다양한 텍스트와 활동으로 구성하였습니다.
3. 교재 하단에 <서강한국어 Student's Book 1A·1B>에서 제시되지 않은 추가 확장 단어 및 영문 번역을 제공하였습니다.
4. 교실에서 짝 활동으로 수행하는 받아쓰기 활동을 자가 학습도 가능하도록 QR코드로 연계하여 MP3를 수록하였습니다.
5. 정답을 부록에 수록하였습니다. 정해진 정답뿐만 아니라 다양한 정답이 나올 수 있는 경우에는 예시 문장이나 예시 글을 수록하였습니다.

이 책이 한국어 학습자들에게는 쓰기를 좀 더 재미있게 배우도록 하고 한국어 교수자에게는 효율적으로 피드백을 할 수 있는 유용한 교재가 되기를 바랍니다.

2024년 8월
서강대학교 한국어교육원 1급 연구개발진 일동

Introduction

Sogang Korean Writing Book 1A & 1B is being published for the first time alongside the revised third edition of the Sogang Korean Student's Book and Workbook 1A & 1B. Given continued requests for a writing textbook from teachers using Sogang Korean, we collected and augmented unpublished materials previously used by teachers at the Sogang University Korean Language Education Center for this book.

Sogang Korean Writing Book 1A & 1B organizes the page of writing exercises that previously appeared in each unit of the Student's Book from the second edition (new series) of Sogang Korean into fifty periods of study.

The regular level-one curriculum for the revised third edition of Sogang Korean is supposed to cover 200 hours, which includes 100 hours for speaking, 25 hours for reading and speaking, 25 hours for listening and speaking, and 50 hours for writing.

What sets *Sogang Korean Writing Book 1A & 1B* apart from other writing textbooks is that learners are asked to write about topics they have already covered in speaking exercises. Setting aside the importance of the writing exercises themselves, this teaching method is grounded in the Sogang pedagogy, which prioritizes learner interaction in the study of writing.

In *Sogang Korean Writing Book 1A & 1B*, learners are able to correct and review their pronunciation of words and sentences through interactive speaking activities with other learners. From the teacher's perspective, this makes it easier to lead pair or group activities and monitor students even in large classes, while peer correction narrows the gap between learners and enables the teacher to provide more efficient feedback.

Sogang Korean Writing Book 1A & 1B generally presumes that learners are practicing with peers or a teacher, but also offers several options for self-guided learners.

This book's advantages for teachers and learners include the following.

1. The book is printed in color for the benefit of beginning students who need visual aids such as photographs and illustrations.

2. The book consists of various texts and activities that were developed with reference to texts and activities used in other writing textbooks.

3. Additional words that do not appear in Sogang Korean Student's Book 1A & 1B are provided at the bottom of the page along with an English translation.

4. MP3 recordings can be played with a QR code, allowing dictation exercises normally done in pairs in the classroom to also be done by solitary learners.

5. An answer key is provided in the appendix. Along with multiple choice answers, example sentences and paragraphs are provided for questions that allow various possible answers.

We hope this will be a useful book for both Korean learners and teachers, adding a dash of joy to the study of writing and making classroom feedback more.

August 2024
Level one curriculum development team
Sogang University Korean Language Education Center

내용 구성표

과	제목	기능	말하기	
			문법	**어휘**
1	한강 공원이 아주 넓었어요	장소 소개하기	동-(으)ㄹ 수 있어요/없어요 동형-아/어야 해요 형-아/어요	형용사①
2	가벼운 노트북 없어요?	쇼핑하기	형-(으)ㄴ 명 동형-지 않아요 동-아/어 보세요	형용사②
3	우리 같이 서울을 구경할까요?	약속 정하기	명하고 동형-고 동-(으)ㄹ까요?①	여가 활동
4	언제 한국에 오셨어요?	인터뷰하기	동형-(으)세요② 동형-(으)셨어요	신체
5	스키 탈 줄 알아요?	취미 말하기	동-(으)ㄹ 줄 알아요/몰라요 동-거나 동형-지만	운동과 악기
6	이거보다 더 긴 우산이에요	묘사하기 비교하기	동-고 있어요 못 동 명보다 더	색깔
7	맛집 좀 추천해 주세요	요청하기 경험 말하기	동-아/어 주세요 동-아/어 드릴게요 동-아/어 봤어요	한국 음식
8	말하기 수업이 재미있어서 좋았어요	이유 말하기 계획 말하기	동형-아/어서 동형-지요? 동-(으)려고 해요	이유

쓰기		
과제1	과제2	복습
이메일 쓰기	고향 소개 쓰기	1~2과 복습
서울 소개 쓰기	살고 싶은 집에 대해 쓰기	
약속 정하는 대화 쓰기	놀러 간 경험에 대해 쓰기	3~4과 복습
가족의 주말 이야기 쓰기	처음 만난 사람과 나눈 대화 쓰기	
격식체 쓰기 동형-ㅂ/습니다	취미에 대해 쓰기	5~6과 복습
비교하는 글 쓰기	교실 묘사하는 글 쓰기	
요리법 쓰기	경험 쓰기	7~8과 복습
계획 쓰기	이번 학기에 대해 쓰기	
복습		

Table of Contents

WRITING		
TASK1	**TASK2**	**REVIEW**
Write an email	Write an introduction to your hometown	Units 1~2: Review
Write an introduction to Seoul	Write about the house you want to live in	
Write a conversation about making plans	Write about going to hang out somewhere	Units 3~4: Review
Write about your family's weekend	Write a conversation with someone you just met	
Write in the formal style 통형-ㅂ/습니다	Write about your hobbies	Units 5~6: Review
Write a comparative piece	Write a description of your classroom	
Write a recipe	Write about an experience	Units 7~8: Review
Write a plan	Write your impressions of this semester	
Review		

일러두기 How to Use This Book

1일차 수업 Day One of Class

1일차는 배운 어휘와 문법을 이용하여 문장을 정확하게 쓰는 연습을 합니다.

On day one, learners practice using the vocabulary and grammar learned in class to write correct sentences.

학습 목표 문법 Target Grammar

학습 목표 문법을 제시합니다.

This presents the target grammar.

짝 활동 Pair Activities

목표 어휘나 문법을 그림을 보고 함께 이야기한 뒤 씁니다.

Discuss the pictures and then do writing exercises involving the target vocabulary and grammar.

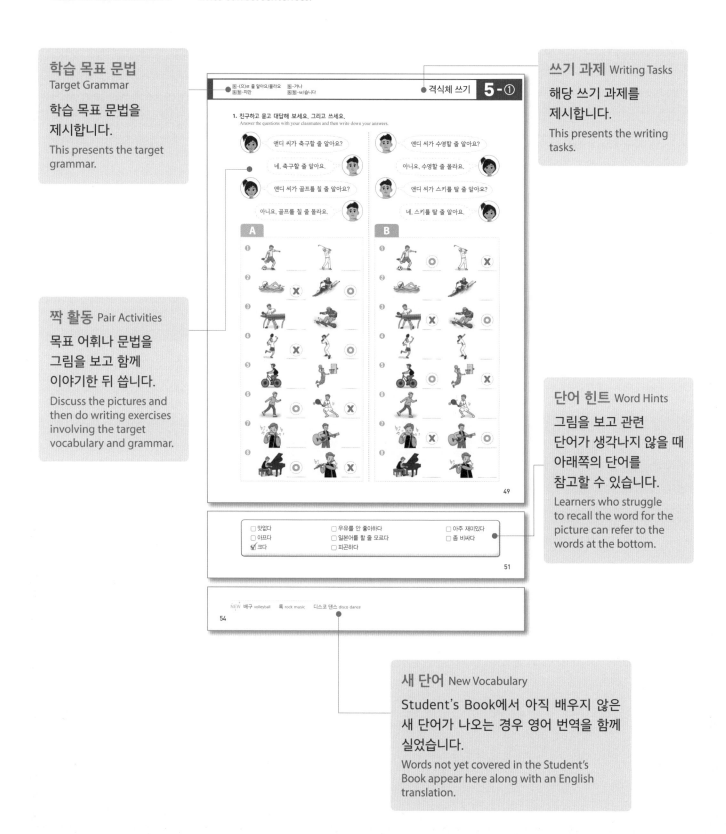

쓰기 과제 Writing Tasks

해당 쓰기 과제를 제시합니다.

This presents the writing tasks.

단어 힌트 Word Hints

그림을 보고 관련 단어가 생각나지 않을 때 아래쪽의 단어를 참고할 수 있습니다.

Learners who struggle to recall the word for the picture can refer to the words at the bottom.

새 단어 New Vocabulary

Student's Book에서 아직 배우지 않은 새 단어가 나오는 경우 영어 번역을 함께 실었습니다.

Words not yet covered in the Student's Book appear here along with an English translation.

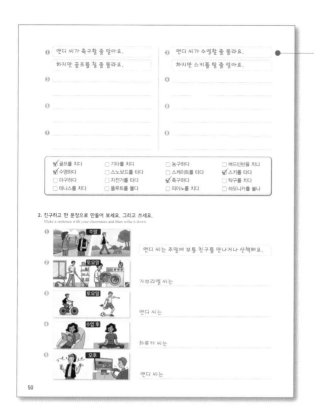

쓰기 샘플과 관련 정보 제시
Writing Sample and Related Information

예문과 관련 정보를 제공함으로써 쓰기 활동을 도와줍니다.

A writing sample and related information are provided to help learners with the writing activity.

도전
Writing Challenge

도전 Writing Challenge

더 도전적인 학습자를 위한 추가 쓰기 활동을 제시하였습니다.

An extra writing activity is provided for learners who relish a challenge.

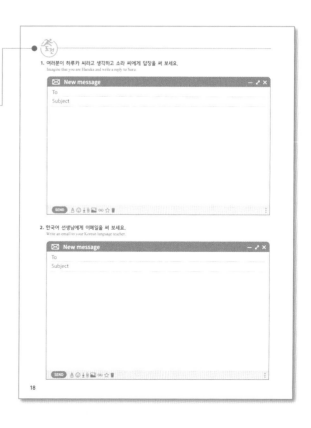

2일차 수업
Day Two of Class

2일차는 전날 배운 어휘와 문법을 활용하여 하나의 글을 쓰는 연습을 합니다.

On day two, learners do a writing exercise with the vocabulary and grammar learned the previous day.

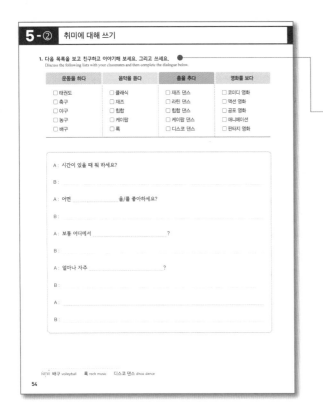

정보차 활동 Information Gap Activity

짝과 함께 정보차 활동을 하면서 말하기, 듣기, 쓰기 연습을 동시에 할 수 있습니다.

Learners can simultaneously practice speaking, listening, and writing while doing information gap activities.

실제적 쓰기 과제 제시
Realistic Writing Tasks

학습자의 실제 생활과 관련된 과제를 제시하여 학습 동기를 부여하고 실제성을 높입니다.

Learners are given real-life tasks to provide motivation and make learning come alive.

목표 어휘로 문장 만들기
Write Sentences with Target Vocabulary

인터뷰 연습
Practice Interview

조사 연습
Practice Particles

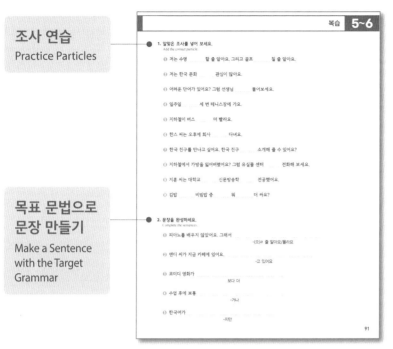

목표 문법으로
문장 만들기
Make a Sentence
with the Target
Grammar

확장 대화를
만들기
Create an Extended
Dialogue

틀린 단어나 문장을
다시 쓰기
Rewrite Incorrect Words and
Sentences

추가 쓰기 과제
Extra Writing Assignment

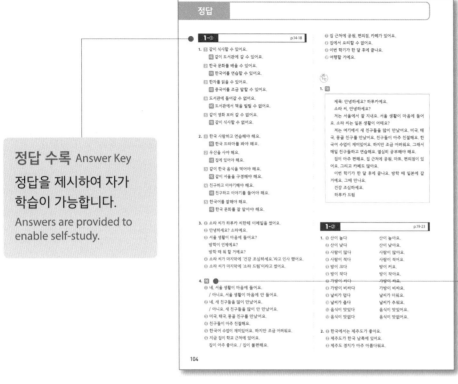

정답 수록 Answer Key

정답을 제시하여 자가 학습이 가능합니다.

Answers are provided to enable self-study.

다양한 대답이 가능한 경우
Questions with Multiple Possible Answers

예시 단어나 문장을 수록하였습니다.

Sample words or sentences are provided for questions of this sort.

모범 글 제공
Model Passage

모범 글을 통해 학생들이 글을 쓸 때 도움을 받을 수 있습니다.

The model passage can help learners with their writing.

목차 Contents

1. 친구하고 문장을 만들어 보세요. 그리고 쓰세요.
Practice making sentences as in the example with your classmates and then write them down.

 오늘 오후에 시간이 있어요. 그래서 같이 식사할 수 있어요.

1	오늘 오후에 시간이 있어요.	그래서 같이 식사할 수 있어요.

같이 식사하다

그래서 _____

2	기숙사에 한국 학생이 많아요.	그래서 _____

한국 문화를 배우다

그래서 _____

3	요즘 중국어를 공부해요.	그래서 _____

한자를 읽다

그래서 _____

4	학생증이 없어요.	그래서 _____

도서관에 들어가다(X)

그래서 _____

5	내일 바빠요.	그래서 _____

같이 영화 보러 가다(X)

그래서 _____

NEW 기숙사 dormitory   한자 Chinese character   학생증 student card

2. 친구하고 이야기해 보세요. 그리고 쓰세요.

Practice speaking with your classmates and then write down the answers.

 한국어를 잘하고 싶어요. 어떻게 해야 해요?

 한국 사람하고 연습해야 해요.

1	한국어를 잘하고 싶어요.	·	한국 사람하고 연습해야 해요.

한국 사람하고 연습하다

·

2	비가 와요.

·

우산을 사다

·

3	친구가 한국에 왔어요.

·

같이 한국 음식을 먹다

·

4	친구가 기분이 안 좋아요.

·

친구하고 이야기하다

·

5	한국 회사에서 일하고 싶어요.

·

한국어를 잘하다

·

NEW 비가 오다 to rain

3. 다음 이메일을 읽으세요. 그리고 친구하고 이야기해 보세요.
Read the following email and discuss with your classmates based on the questions below.

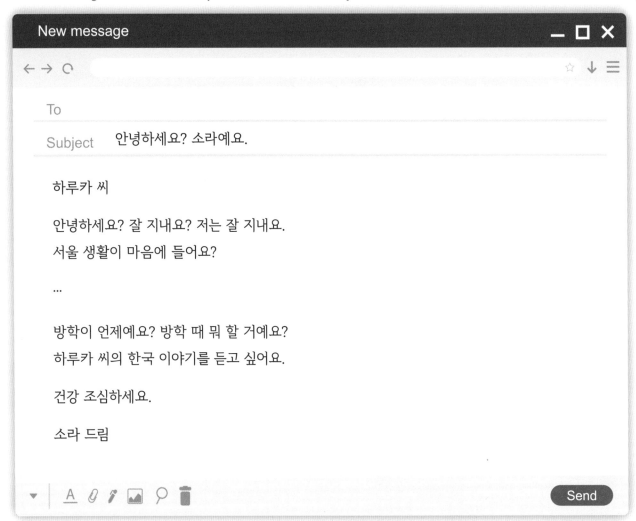

New message ⎯ ▢ ✕

To

Subject   안녕하세요? 소라예요.

하루카 씨

안녕하세요? 잘 지내요? 저는 잘 지내요.
서울 생활이 마음에 들어요?

...

방학이 언제예요? 방학 때 뭐 할 거예요?
하루카 씨의 한국 이야기를 듣고 싶어요.

건강 조심하세요.

소라 드림

Send

❶ 누가 누구한테 이메일을 썼어요?

❷ 제목이 뭐예요?

❸ 소라 씨가 하루카 씨한테 뭐 질문했어요?

❹ 소라 씨가 마지막에 뭐라고 인사했어요?

❺ 소라 씨가 마지막에 뭐라고 썼어요?

ＮＥＷ 제목 subject   질문하다 to ask a question   마지막에 at the end   인사하다 to greet

4. 친구하고 이야기해 보세요. 그리고 쓰세요.
Practice speaking with your classmates and then write down the answers.

1	서울 생활이 마음에 들어요?

2	새 친구들을 많이 만났어요?

3	어느 나라 친구들을 만났어요?

4	친구들이 어때요?

5	한국어 수업이 어때요?

6	지금 집이 어디에 있어요? 어때요?

7	집 근처에 뭐가 있어요?

8	집에서 뭐 할 수 없어요?

9	이번 학기가 언제 끝나요?

10	방학 때 뭐 할 거예요?

❶ _____

❷ _____

❸ _____

❹ _____

❺ _____

❻ _____

❼ _____

❽ _____

❾ _____

❿ _____

TIP

☐ 친절하다　　　☐ 불친절하다　　　☐ 편하다　　　☐ 불편하다
☐ 크다　　　　　☐ 작다　　　　　　☐ 재미있다　　☐ 재미없다

1. 여러분이 하루카 씨라고 생각하고 소라 씨에게 답장을 써 보세요.

Imagine that you are Haruka and write a reply to Sora.

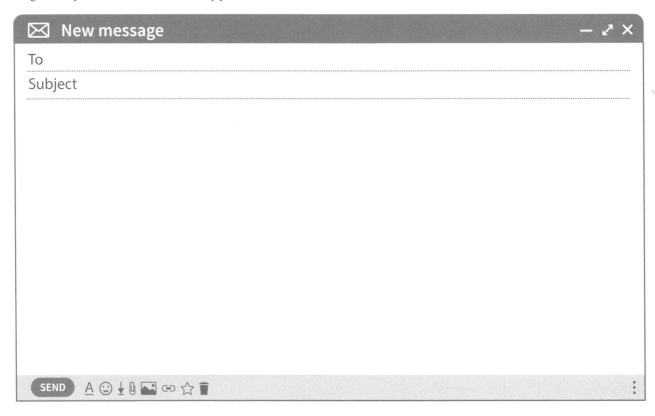

2. 한국어 선생님에게 이메일을 써 보세요.

Write an email to your Korean language teacher.

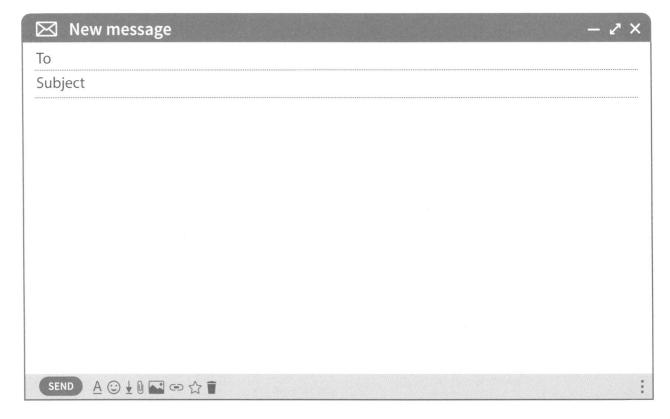

1. 친구하고 이야기해 보세요. 그리고 쓰세요.
Practice speaking with your classmates and then write down the answers.

 산이 어때요?

 산이 높아요.

❶ 산이 높다

산이 높아요.

❷ _____

❸ _____

❹ _____

❺ _____

❻ _____

❼ _____

❽ _____

❾ _____

❿ _____

⓫ _____

⓬ _____

☐ 낮다	☑ 높다	☐ 덥다✪	☐ 많다
☐ 맛없다	☐ 맛있다	☐ 비싸다	☐ 싸다
☐ 작다	☐ 적다	☐ 춥다✪	☐ 크다✪

2. 다음 글을 읽고 친구하고 이야기해 보세요.
Read the following passage and discuss with your classmates.

제주도에 오세요!!!

#제주도

한국에서는 제주도가 좋아요. 제주도는 섬이에요. 한국 남쪽에 있어요.

경치가 아주 아름다워요. 한라산이 유명해요. 아주 높아요. 여기에서 등산할 수 있어요. 그리고 바다가 예뻐요. 바다에서 수영할 수 있어요. 스노클링도 할 수 있어요. 바다 옆에 카페가 많아요. 카페에서 바다를 보세요. 그리고 사진을 찍으세요. 예쁜 사진을 찍을 수 있어요.

제주도 음식이 아주 맛있어요. 돼지고기가 정말 맛있어요. 과일을 좋아해요? 제주도 귤이 유명해요. 꼭 먹어야 해요.

서울에서 비행기로 한 시간쯤 걸려요.

#바다 옆 카페

#한라산   #스노클링

#귤

1	한국에서는 어디가 좋아요?	2	제주도가 어디에 있어요?
3	제주도 경치가 어때요?	4	한라산이 어때요? 한라산에서 뭐 할 수 있어요?
5	바다가 어때요?	6	바다 옆에 뭐가 있어요?
7	카페에서 뭐 할 수 있어요?	8	제주도 음식이 어때요? 뭐가 맛있어요?
9	제주도에서 무슨 과일이 유명해요?	10	서울에서 제주도까지 얼마나 걸려요?

NEW   섬 island   남쪽 south   유명하다 to be famous   돼지고기 pork   꼭 definitely

3. 여러분 나라에서 어디가 좋아요? 친구하고 이야기해 보세요. 그리고 쓰세요.
What is nice place to visit in your country? Discuss with your classmates and then write about it.

❶ 어디가 좋아요? _____

❷ _____ 이/가 어디에 있어요? _____

❸ 경치가 어때요? _____

❹ 뭐가 유명해요? _____

❺ 거기에서 뭐 할 수 있어요? _____

❻ 그리고 또 뭐 할 수 있어요? _____

❼ 무슨 음식이 맛있어요? _____

❽ 무슨 음식을 꼭 먹어야 해요? _____

❾ 한국에서 거기까지 어떻게 가요? _____

❿ 얼마나 걸려요? _____

NEW 호수 lake 　도시 city 　따뜻하다 to be warm 　아름답다 to be beautiful 　예쁘다 to be pretty

4. 여러분 나라에서 어디가 좋아요? 소개글을 쓰세요. (다음 문법을 사용해 보세요.)
What is a nice place to visit in your country? (Use the grammatical constructions in the box.)

☐ 명에	☐ 명에서	☐ 명에 있어요
☐ 동-(으)ㄹ 수 있어요	☐ 동-아/어야 해요	☐ 형-아/어요

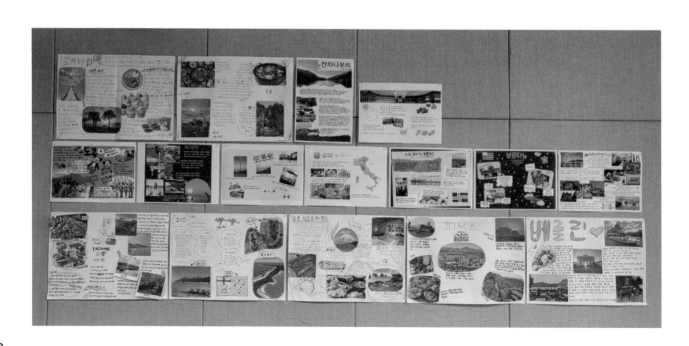

5. 친구들의 소개글을 읽어 보세요. 어디에 가고 싶어요? 친구하고 이야기해 보세요.
Read your classmates' descriptions of places and discuss where you would like to visit.

태국에 놀러 오세요!!!

สวัสดีค่ะ

태국에서는 방콕이 좋아요.
태국이 아주 길어요.
방콕이 태국 중심에 있어요.
왕궁, 절이 아름다워요.
사람들이 친절해요.
음식이 맛있어요.

쇼핑몰이 많이 있어요.
쇼핑몰이 커요.
쇼핑몰 안에 가게, 식당이 많아요.
쇼핑할 수 있어요.
수족관이 있어요.
구경할 수 있어요.

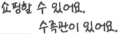

툭툭 알아요?
툭툭을 탈 수 있어요.
재미있어요.

방콕 근처에 사파리가 있어요. 동물이 많아요.
코끼리, 호랑이, 기린, 얼룩말을 만날 수 있어요.

음식이 많아요. 정말 맛있어요.
망고밥을 꼭 먹어야 해요.
과일하고 과일주스도 맛있어요.

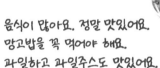 

슈레이성에 갈 수 있어요.

오키나와에 오세요.

오키나와는 일본 남쪽에 있어요.
🌴 섬이에요. 바다가 아주 깨끗해요.
바다에서 수영할 수 있어요. 스쿠버 다이빙도 할 수 있어요. 🐟🐟
경치가 정말 아름다워요. 그리고 드라이브할 수 있어요.
사진을 꼭 찍어야 해요.

오키나와 소바가 맛있어요. 아이스크림이 유명해요.

슈라우미 수족관에 갈 수 있어요.
고래 상어 볼 수 있어요.

인천공항에서 비행기를 타세요. 비행기로 3시간쯤 걸려요.
가까워요.

23

1. 친구하고 이야기해 보세요. 그리고 쓰세요.
Practice speaking with your classmates and then write down the answers.

 바지가 어때요?

바지가 길어요.

 어떤 바지예요?

긴 바지예요.

❶ 바지가 길어요.
긴 바지예요.

❷ ....

❸ ....

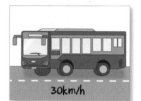

❹ ....

❺ ....

❻ ....

❼ ....

❽ ....

500g

❾ ....

25kg

❿ ....

⓫ ....

⓬ ....

☐ 가볍다✪	☐ 같다	☑ 길다✪	☐ 느리다
☐ 다르다✪	☐ 무겁다✪	☐ 빠르다✪	☐ 쉽다✪
☐ 시끄럽다✪	☐ 어렵다✪	☐ 조용하다	☐ 짧다

2. 친구하고 단어를 찾으세요. 그리고 쓰세요.
Fill in the blanks with proper consonants words. Your classmates and write them down.

❶ 일요일이에요. 사람들이 집에 있어요. 그래서 버스에 사람이 적어요.

❷ 교실에 학생이 없어요. 그래서 교실이 아주 _____

❸ 지하철역이 멀지 않아요. 지하철역이 _____

❹ 지금 집이 너무 불편해요. 왜냐하면 너무 _____

❺ 서울에서 부산까지 KTX로 세 시간쯤 걸려요. KTX가 _____

❻ 롯데월드타워가 123층까지 있어요. 높은 빌딩이에요.

❼ 일주일 동안 일본에 출장을 가요. 그래서 _____ 가방을 사야 해요.

❽ 저는 겨울을 좋아해요. _____ 날씨를 좋아해요.

❾ 날씨가 더워요. 그래서 _____ 바지를 사러 백화점에 갔어요.

❿ 요즘 영화관에서 _____ 영화를 많이 해요. 오늘 오후에 영화를 보러 갈 거예요.

☐ 가깝다✪	☑ 높다	☐ 빠르다✪	☐ 작다
☐ 재미있다	☑ 적다	☐ 조용하다	☐ 짧다
☐ 춥다✪	☐ 크다		

3. 친구하고 말해 보세요. 그리고 쓰세요.
Discuss with your classmates and write down the answers.

1. 교실이 커요. 작지 않아요.
작다

2. 택시가 느려요. _____
빠르다

3. 한국어가 쉬워요. _____
어렵다

4. 앤디 씨는 오늘 다리가 아파요. 그래서 _____
운동하다

5. 완 씨는 드라마를 자주 봐요. 하지만 투안 씨는 드라마를 _____
보다

4. 친구하고 이야기해 보세요. 그리고 쓰세요.
Practice speaking with your classmates and then write down the answers.

1. A : 하루카 씨, 다음 달에 일본에 갈 거예요. 어디가 좋아요?

   B : 도쿄가 좋아요. 도쿄에 가 보세요.

2. A : 여기에서 무슨 음식이 맛있어요?

   B : 김치찌개가 아주 맛있어요. _____

3. A : 이 책이 재미있어요?

   B : 네, 아주 재미있어요. 이 책을 한번 _____

4. A : 모자 좀 보여 주세요.

   B : 이 모자 어때요? 아주 예쁜 모자예요. _____

5. A : 한국 노래 알아요? 누구 노래가 좋아요?

   B : 아이유 알아요? _____

5. 다음 글을 읽고 친구하고 이야기해 보세요. 그리고 쓰세요.

Read the following passage, discuss with your classmates, and then write the answers to the questions below.

성수동은 젊은 사람들에게 아주 인기가 있는 곳이에요. 예쁜 카페가 많아요. 맛있는 빵집하고 유명한 식당에 갈 수 있어요. 다른 나라 음식도 먹을 수 있어요. 핫도그, 피자, 햄버거를 먹을 수 있어요. 그리고 가방, 지갑, 구두 가게들도 있어요. 예쁜 물건을 살 수 있어요. 성수동에 서울숲도 있어요. 서울숲이 아주 넓어요. 큰 나무하고 예쁜 꽃이 많아요. 서울숲에서 사진을 찍어 보세요.

🚇 지하철 2호선 뚝섬 역 8번 출구나 성수 역 3번 출구로 나가세요.

1	성수동은 어떤 곳이에요?

2	성수동에 뭐가 많아요?

3	성수동에서 뭐 할 수 있어요?

4	서울숲이 어때요?

❶ _____

❷ _____

❸ _____

❹ _____

NEW 젊다 to be young   인기가 있다 to be popular   빵집 bakery   물건 stuff, thing

6. 다음 중에서 어디를 소개하고 싶어요? 친구하고 이야기해 보세요. 그리고 쓰세요.

Which of the following places would you like to introduce? Discuss with your classmates and then write the answers to the questions below.

경복궁

남산 서울타워

한강 공원

롯데월드

| 1 | ( )이/가 어디에 있어요? |
| 2 | ( )이/가 어떤 곳이에요? |

3 뭐가 좋아요?

4 거기에서 뭐 할 수 있어요?

5 거기에서 무엇을 꼭 해야 해요?

6 거기에 어떻게 가요?

❶ _____

❷ _____

❸ _____

❹ _____

❺ _____

❻ _____

1. 지도를 보고 친구하고 이야기해 보세요. 그리고 쓰세요.

Discuss the map with your classmates and then write the answers to the questions below.

1	집이 어디에 있어요?

2	몇 층이에요?

3	집 근처에 뭐가 있어요?

4	뭐가 좋아요?

5	뭐가 불편해요?

6	지하철역이 가까워요? 멀어요?

❶ _____

❷ _____

❸ _____

❹ _____

❺ _____

❻ _____

TIP

- ☐ 방
- ☐ 원룸
- ☐ 고시원
- ☐ 화장실
- ☐ 부엌
- ☐ 침대
- ☐ 책상
- ☐ 냉장고
- ☐ 세탁기
- ☐ 에어컨
- ☐ 계단
- ☐ 엘리베이터

NEW 계단 stairs   엘리베이터 elevator

2. 다음을 보고 친구하고 이야기해 보세요. 그리고 쓰세요.
Discuss the housing advertisements with your classmates and then write the answers to the questions below.

1	어느 집이 마음에 들어요?	2	거기 월세가 얼마예요?
3	집이 몇 층이에요?	4	집에 뭐가 있어요?
5	집 근처에 뭐가 있어요?	6	뭐 할 수 있어요? 뭐 할 수 없어요?

❶ _____

❷ _____

❸ _____

❹ _____

❺ _____

❻ _____

NEW 공용 주방 communal kitchen   공용 세탁실 communal laundry room

3. 2번에서 이야기한 집 중에서 살고 싶은 집에 대해서 쓰세요. (다음 문법을 사용해 보세요.)

Write about the house mentioned in No. 2 that you would like to live in. (Use the grammatical constructions in the box.)

☐ 명이/가 명에 있어요   ☐ 동-아/어요   ☐ 형-아/어요
☐ 형-(으)ㄴ 명   ☐ 동-(으)ㄹ 수 있어요/없어요   ☐ 동형-아/어야 해요

틀린 것을 다시 써 보세요.
Rewrite the parts you got wrong.

약속 정하는 대화 쓰기

1. 친구하고 말해 보세요. 그리고 쓰세요.
Practice speaking with your classmates and then complete sentences with two words in the pictures.

책 필통

❶ 책상 위에 | 책하고 필통 | 이 있어요.

호떡 칼국수

❷ 남대문 시장에서 ⋯⋯⋯⋯⋯⋯⋯⋯⋯⋯⋯⋯⋯ 를 먹었어요.

통인시장 성수동

❸ 방학 때 ⋯⋯⋯⋯⋯⋯⋯⋯⋯⋯⋯⋯⋯ 에 갈 거예요.

핸드폰 노트북

❹ 생일에 ⋯⋯⋯⋯⋯⋯⋯⋯⋯⋯⋯⋯⋯ 을 받고 싶어요.

Hello! Bonjour

영어 프랑스어

❺ 수잔 씨는 ⋯⋯⋯⋯⋯⋯⋯⋯⋯⋯⋯⋯⋯ 를 할 수 있어요.

2. 친구하고 한 문장으로 만들어 보세요. 그리고 쓰세요.
Working with your friends, combine the two sentences to make one. And then write it down.

❶ 앤디 씨가 학교에서 공부해요. 그리고 친구를 만나요.

→ | 앤디 씨가 학교에서 공부하고 친구를 만나요. |

❷ 렌핑 씨가 토요일에 산책해요. 그리고 점심을 먹어요.

→ ⋯⋯⋯⋯⋯⋯⋯⋯⋯⋯⋯⋯⋯⋯⋯⋯⋯⋯⋯⋯⋯⋯⋯⋯⋯⋯⋯⋯⋯⋯⋯⋯⋯⋯

❸ 바야르 씨가 저녁에 책을 읽어요. 그리고 영화를 봐요.

→ ⋯⋯⋯⋯⋯⋯⋯⋯⋯⋯⋯⋯⋯⋯⋯⋯⋯⋯⋯⋯⋯⋯⋯⋯⋯⋯⋯⋯⋯⋯⋯⋯⋯⋯

❹ 어제 완 씨가 집에서 태국 음식을 만들었어요. 그리고 설거지를 했어요.

→ ⋯⋯⋯⋯⋯⋯⋯⋯⋯⋯⋯⋯⋯⋯⋯⋯⋯⋯⋯⋯⋯⋯⋯⋯⋯⋯⋯⋯⋯⋯⋯⋯⋯⋯

❺ 오늘 오전에 한스 씨가 학교에서 공부했어요. 그리고 오후에 회사에서 일했어요.

→ ⋯⋯⋯⋯⋯⋯⋯⋯⋯⋯⋯⋯⋯⋯⋯⋯⋯⋯⋯⋯⋯⋯⋯⋯⋯⋯⋯⋯⋯⋯⋯⋯⋯⋯

3. 친구하고 이야기해 보세요. 그리고 쓰세요.
Practice speaking with your classmates and then write down the answers.

A : 오늘 뭐 해요?

B : 오늘 숙제하고 게임해요.

A : 보통 저녁에 뭐 해요?

B : _____

A : 보통 토요일에 뭐 해요?

B : _____

A : 어제 수업 후에 뭐 했어요?

B : _____

A : 지난 주말에 뭐 했어요?

B : _____

A : 오늘 밤에 뭐 할 거예요?

B : _____

☑ 게임하다	☐ 빨래하다	☐ 쇼핑하다	☑ 숙제하다
☐ 식사하다	☐ 영화를 보다	☐ 요가하다	☐ 음악을 듣다
☐ 책을 읽다	☐ 청소하다	☐ 춤을 추다	☐ 태권도를 하다

4. 친구하고 이야기해 보세요. 그리고 쓰세요.
Practice speaking with your classmates and then write down the answers.

명 하고

❶ A : 무슨 한국 음식을 좋아해요? (2개)

　　B : _____

❷ A : 교실에 뭐가 있어요? (2개)

　　B : _____

❸ A : 어느 나라에 가고 싶어요? (2개)

　　B : _____

동 형 -고 (현재)

❹ A : 친구를 만나요. 보통 뭐 해요? (2개)

　　B : _____

❺ A : 공원에서 보통 뭐 해요? (2개)

　　B : _____

❻ A : 돈이 많이 있어요. 그럼 뭐 하고 싶어요? (2개)

　　B : _____

동 형 -고 (과거)

❼ A : 어제 수업 후에 뭐 했어요? (2개)

　　B : _____

❽ A : 작년 생일에 뭐 했어요? (2개)

　　B : _____

❾ A : 세 달 전에 뭐 했어요? (2개)

　　B : _____

5. 친구하고 이야기해 보세요. 그리고 쓰세요.

Practice speaking with your classmates and then write down the questions.

❶

A : 우리 같이 공부할까요 ?

B : 네, 좋아요. 같이 공부해요.

❷

A : 우리 같이 _____ ?

B : 네, 좋아요. 저도 가고 싶었어요.

❸

A : 우리 같이 _____ ?

B : 미안해요. 오늘 약속이 있어요.

❹

A : 우리 같이 _____ ?

B : 네, 좋아요. 저기에서 같이 찍어요.

❺

A : 우리 같이 _____ ?

B : 미안해요. 매운 음식을 먹을 수 없어요.

❻

A : 우리 같이 _____ ?

B : 미안해요. 지금 좀 피곤해요.

❼

A : 우리 같이 _____ ?

B : 네, 좋아요. 같이 만들어요.

6. 친구하고 대화를 완성해 보세요. 그리고 쓰세요.
Complete the conversation with your classmates and write down the missing parts.

A : 내일 시간 있어요? 우리 같이 ❶ 영화를 볼까요 ?

B : 네, 좋아요. 같이 봐요.

A : 미나 씨는 무슨 영화를 좋아해요?

B : 저는 판타지 영화를 좋아해요. '해리포터' 어때요?

A : 저도 보고 싶었어요.

B : 그럼, ❷ _____ ?

A : 용산 CGV에서 '해리포터'를 봐요.

B : 그럼, ❸ _____ ?

A : 용산 CGV가 용산 역에서 가까워요. 용산 역에서 만나요.

B : 좋아요.

A : ❹ _____ ?

B : 2시 30분에 만나요. 영화가 3시에 시작해요.

A : 우리 영화 보고 ❺ _____ ?

B : 네, 좋아요. 같이 맛있는 저녁을 먹어요.

　저녁 먹고 ❻ _____ ?

A : 좋아요. 저녁 먹고 산책도 해요.

B : 그럼 내일 만나요.

NEW 판타지 영화 fantasy movie

1. 다음 글을 읽고 친구하고 이야기해 보세요.
Read the following passage and discuss with your classmates.

　어제 날씨가 아주 좋았어요. 그래서 앤디 씨는 친구들하고 월드컵 공원에 놀러 갔어요. 월드컵 공원은 학교에서 멀지 않았어요. 지하철로 20분쯤 걸렸어요. 공원은 넓었어요. 나무도 많고 꽃도 아름다웠어요.

　거기에서 앤디 씨는 친구들하고 점심을 맛있게 먹었어요. 김밥하고 치킨을 먹었어요. 그다음에 공원에서 산책을 하고 사진을 찍었어요. 그리고 다 같이 게임을 했어요. 앤디 씨가 이겼어요. 그래서 기분이 좋았어요.

1	어제 날씨가 어땠어요?	2	어제 앤디 씨가 어디에 갔어요?
3	월드컵 공원이 학교에서 가까웠어요?	4	월드컵 공원이 어땠어요?
5	앤디 씨는 공원에서 뭐 했어요?	6	앤디 씨는 왜 기분이 좋았어요?

2. 놀러 간 경험을 친구하고 이야기해 보세요. 그리고 쓰세요.
Discuss a trip to a nearby park, mountain, or beach you've taken with your classmates and then write the answers to the questions below.

❶ 어디에 놀러 갔어요? (공원, 산, 바다)

_____

❷ 언제 갔어요?

_____

❸ 누구하고 같이 갔어요?

_____

❹ 어떻게 갔어요?

_____

❺ 거기가 어땠어요?

_____

❻ 뭐 가지고 갔어요?

_____

❼ 거기에서 뭐 했어요?

_____

❽ 재미있었어요?

_____

❾ 다음에는 어디에 놀러 가고 싶어요?

_____

❿ 거기에 누구하고 가고 싶어요?

_____

NEW 가지고 가다 to take (something) with you

3. 가까운 공원이나 산, 바다에 놀러 간 경험에 대해서 쓰세요. (다음 문법을 사용해 보세요.)
Write about a trip to a nearby park, mountain, or beach. (Use the grammatical constructions in the box.)

☐ 동 -(으)ㄹ 수 있어요/없어요   ☐ 동형 -아/어야 해요   ☐ 형 -(으)ㄴ 명
☐ 동형 -지 않아요   ☐ 명 하고   ☐ 동형 -고

 **틀린 것을 다시 써 보세요.**
Rewrite the parts you got wrong.

가족의 주말 이야기 쓰기   통형-(으)세요②
통형-(으)셨어요

1. 친구하고 말해 보세요. 그리고 쓰세요.
Practice saying the sentences with your classmates and then write the missing words with appropriate forms.

❶ 할아버지가 보통 방학 때 한국에 　오세요.
　　　　　　　　　　　　　　오다

❷ 아버지가 회사에서 _____
　　　　　　　　　　　일하다

❸ 할머니가 여행을 _____
　　　　　　　　　　좋아하다

❹ 할머니가 보통 한복을 _____
　　　　　　　　　　　　입다

❺ 어머니가 보통 밤에 음악을 _____
　　　　　　　　　　　　　듣다✪

❻ 아버지가 지금 신촌에 _____
　　　　　　　　　　　살다✪

❼ 어머니가 지금 저한테 _____
　　　　　　　　　　말하다✪

❽ 아버지가 보통 일찍 _____
　　　　　　　　　자다✪

❾ 할머니가 지금 식당에서 불고기를 _____
　　　　　　　　　　　　　　　먹다✪

❿ 지금 할아버지가 집에 _____
　　　　　　　　　　있다✪

TIP
- ☐ 말해요 – 말씀하세요
- ☐ 자요 – 주무세요
- ☐ 있어요 – 계세요
- ☐ 먹어요 – 드세요
- ☐ 마셔요 – 드세요

2. 친구하고 말해 보세요. 그리고 쓰세요.

Practice saying the sentences with your classmates and then write missing words with appropriate forms.

❶ 할아버지가 어제 한국에 [오셨어요.]
오다

❷ 아버지가 작년에 미국 회사에서 _____
일하다

❸ 어머니가 지난주에 테니스를 _____
치다

❹ 할머니가 지난 일요일에 한복을 _____
입다

❺ 어머니가 어제 저녁에 음악을 _____
듣다✪

❻ 아버지가 10년 전에 한국에 _____
살다✪

❼ 어머니가 한 시간 전에 저한테 _____
말하다✪

❽ 어제 몇 시간 _____?
자다✪

❾ 어제 저녁을 맛있게 _____?
먹다✪

❿ 지난 휴가 때 제주도에 _____?
있다✪

> **TIP**
> ☐ 말했어요 – 말씀하셨어요   ☐ 잤어요 – 주무셨어요   ☐ 있었어요 – 계셨어요
> ☐ 먹었어요 – 드셨어요   ☐ 마셨어요 – 드셨어요

3. 다음 그림을 보고 빈칸에 알맞은 말을 쓰세요.
Look at the following picture and then fill in the blanks with the appropriate words.

오늘은 일요일이에요. 일요일 아침에 미나 씨 가족은 보통 집 근처 공원에 가요. 거기에서 산책하고 운동도 해요. 그런데 오늘은 날씨가 안 좋아요. 그리고 바람도 많이 불어요. 그래서 지금 모두 집에 있어요.

할머니는 방에서 ❶ 주무세요 . 요즘 건강이 안 좋으세요. 할아버지는 할머니 옆에서 책을 ❷ .... 미나 씨는 방에서 친구하고 전화해요. 친한 친구가 프랑스에 공부하러 갔어요. 방학 때 그 친구를 만나러 갈 거예요.

어머니는 거실에 ❸ .... 드라마를 ❹ .... 어머니는 드라마를 아주 ❺ .... 언니도 거실에 있어요. 거실에서 요가를 해요.

아버지는 부엌에 계세요. 부엌에서 맛있는 간식을 ❻ .... 아버지는 요리를 잘하세요. 조금 후에 미나 씨 가족은 맛있는 간식을 먹을 수 있을 거예요.

4. 다음 그림을 보고 친구하고 이야기해 보세요. 그리고 쓰세요.
Look at the following picture, discuss with your classmates, and then write the answers to the questions below.

1	가족들이 지금 어디에 있어요?

2	방에 누가 있어요? 뭐 해요/하세요?

3	거실에 누가 있어요? 뭐 해요/하세요?

4	부엌에 누가 있어요? 뭐 해요/하세요?

① _____

② _____

③ _____

④ _____

5. 4번에서 이야기한 미나 씨 가족 이야기를 쓰세요. (다음 문법을 사용해 보세요.)
Using the information discussed in No. 4, Write about Mina's family. (Use the grammatical constructions in the box.)

☐ 동 -(으)ㄹ 수 있어요/없어요	☐ 형 -아/어요	☐ 명 하고
☐ 동 형 -고	☐ 동 형 -(으)세요	☐ 동 형 -(으)셨어요

_____

_____

_____

_____

_____

_____

_____

틀린 것을 다시 써 보세요.
Rewrite the parts you got wrong.

1. 친구하고 말해 보세요. 그리고 쓰세요.
Practice saying the body parts with your classmates and then write down the words.

❶ 머리

❷ ....

❸ ....

❹ ....

❺ ....

❻ ....

❼ ....

❽ ....

❾ ....

❿ ....

⓫ ....

⓬ ....

⓭ ....

⓮ ....

⓯ ....

☐ 귀	☐ 눈	☐ 다리	☑ 머리	☐ 목
☐ 무릎	☐ 발	☐ 배	☐ 손	☐ 어깨
☐ 얼굴	☐ 입	☐ 코	☐ 팔	☐ 허리

NEW 얼굴 face   허리 waist

2. 친구하고 이야기해 보세요. 그리고 쓰세요.

Practice the dialogue with your classmates and then write down the answers.

어디가 불편하세요?

머리가 아파요.

❶ 머리가 아파요.

❷ _____

❸ _____

❹ _____

❺ _____

❻ _____

❼ _____

❽ _____

❾ _____

☐ 기침이 나다   ☐ 눈이 아프다   ☑ 머리가 아프다

☐ 목이 아프다   ☐ 배가 아프다   ☐ 열이 나다

☐ 이가 아프다   ☐ 재채기가 나다   ☐ 콧물이 나다

NEW 어디가 불편하세요? What's the matter?   이 tooth   재채기가 나다 to sneeze

46

3. [상황] 앤디 씨가 오늘 아파요. 학교에 갈 수 없어서 선생님에게 메시지를 보내요.
   앤디 씨하고 선생님이 돼서 이야기해 보세요. 그리고 쓰세요.
   [Situation] Andy texted his teacher that he can't go to school today because he was sick.
   Pretend you are Andy and his teacher and practice the conversation and write down what you said.

앤디
선생님, 안녕하세요?

선생님
앤디 씨, 안녕하세요?

앤디
선생님, 죄송해요. 오늘 학교에 갈 수 없어요.

선생님
무슨 일이 있으세요?

앤디
많이 아파요.

선생님

앤디

선생님

앤디

선생님

앤디

NEW 죄송해요 I'm sorry.   무슨 일이 있으세요? What's going on?

4. 처음 만난 두 사람의 대화를 만들어 보세요. 그리고 쓰세요. (존댓말을 사용하세요.)
Write a dialogue for two people who have just met. (Be sure to use jondaenmal.)

A : 안녕하세요? 저는 김민수예요. 이름이 어떻게 되세요?

B : _____

A : _____

B : _____

A : _____

B : _____

A : _____

B : _____

A : _____

B : _____

NEW 이름이 어떻게 되세요? What's your name?

1. 친구하고 묻고 대답해 보세요. 그리고 쓰세요.
Answer the questions with your classmates and then write down your answers.

 앤디 씨가 축구할 줄 알아요?

네, 축구할 줄 알아요.

 앤디 씨가 골프를 칠 줄 알아요?

아니요, 골프를 칠 줄 몰라요.

 앤디 씨가 수영할 줄 알아요?

아니요, 수영할 줄 몰라요.

 앤디 씨가 스키를 탈 줄 알아요?

네, 스키를 탈 줄 알아요.

A

❶

❷

❸

❹

❺

❻

❼

B

❽

❶ 앤디 씨가 축구할 줄 알아요.

하지만 골프를 칠 줄 몰라요.

❷ 앤디 씨가 수영할 줄 몰라요.

하지만 스키를 탈 줄 알아요.

❸ _____

❹ _____

❺ _____

❻ _____

❼ _____

❽ _____

☑ 골프를 치다	☐ 기타를 치다	☐ 농구하다	☐ 배드민턴을 치다
☑ 수영하다	☐ 스노보드를 타다	☐ 스케이트를 타다	☑ 스키를 타다
☐ 야구하다	☐ 자전거를 타다	☑ 축구하다	☐ 탁구를 치다
☐ 테니스를 치다	☐ 플루트를 불다	☐ 피아노를 치다	☐ 하모니카를 불다

2. 친구하고 한 문장으로 만들어 보세요. 그리고 쓰세요.
Make a sentence based on the picture with your classmates and then write it down.

❶ 주말

앤디 씨는 주말에 보통 친구를 만나거나 산책해요.

❷ 토요일

가브리엘 씨는 _____

❸ 토요일

앤디 씨는 _____

❹ 수업 후

하루카 씨는 _____

❺ 오후

앤디 씨는 _____

3. 친구하고 이야기해 보세요. 그리고 쓰세요.
Practice speaking with your classmates and then write down the answers.

방이 비싸지만 …

커요.

Ⓐ Ⓑ

❶ 방이 비싸요. 하지만
→ 비싸지만

커요.

❷ 노트북이 가벼워요. 하지만
→

❸ 한국 생활이 좀 바빠요. 하지만
→

❹ 완 씨는 주스를 좋아해요. 하지만
→

❺ 앤디 씨는 한국어를 할 줄 알아요.
하지만 →

❻ 불고기를 만들었어요. 하지만
→

❼ 주말에 많이 쉬었어요. 하지만
→

❽ 약을 먹었어요. 하지만
→

☐ 맛없다	☐ 우유를 안 좋아하다	☐ 아주 재미있다
☐ 아프다	☐ 일본어를 할 줄 모르다	☐ 좀 비싸다
☑ 크다	☐ 피곤하다	

4. 친구하고 말해 보세요. 그리고 쓰세요.

Practice conjugating these words with your classmates and then complete the tables.

받침 X

공부합니다.   공부했습니다.

받침 X			받침 X		
❶ 공부하다			❷ 좋아하다		
❸ 가다			❹ 오다		
❺ 배우다			❻ 가르치다		
❼ 쓰다			❽ 바쁘다		
❾ 모르다			❿ 빠르다		

받침 O

받침 O			받침 O		
❶ 받다	받습니다	받았습니다	❷ 먹다		
❸ 읽다			❹ 많다		
❺ 있다			❻ 없다		
❼ 듣다			❽ 걷다		
❾ 덥다			❿ 무겁다		
⓫ 알다			⓬ 길다		
⓭ 만들다			⓮ 멀다		

-이다

-이다			-이다		
❶ 의사이다			❷ 선생님이다		

5. '-아/어요'를 '-ㅂ/습니다'로 바꾸세요.
Convert underlined words to '-ㅂ/습니다' from '-아/어요.'

저는 김지훈**이에요**. SG 방송국에서 일하고 **싶어요**. 저는 신문방송학을 **전공했어요**. 그래서 방학

❶ .... ❷ .... ❸ ....

때 방송국에서 인턴을 **했어요**.

❹ ....

저는 고등학교 때부터 다른 나라 문화에 관심이 **많았어요**. 그래서 대학교 1학년 때 1년 동안 미국

❺ ....

에서 영어를 **공부했어요**. 영어 뉴스를 듣고 이해할 수 **있어요**. 그리고 저는 1년 동안 중국어 학원에

❻ .... ❼ ....

다녔어요. 그래서 중국어도 할 줄 **알아요**.

❽ .... ❾ ....

여러 가지 컴퓨터 프로그램도 잘 사용할 줄 **알아요**. 특히 편집을 **잘해요**.

❿ .... ⓫ ....

SG 방송국에서 좋은 방송을 만들고 **싶어요**. 잘 **부탁드려요**.

⓬ .... ⓭ ....

1. 다음 목록을 보고 친구하고 이야기해 보세요. 그리고 쓰세요.
Discuss the following lists of words with your classmates and then complete the dialogue below.

운동을 하다	음악을 듣다	춤을 추다	영화를 보다
☐ 태권도	☐ 클래식	☐ 재즈 댄스	☐ 코미디 영화
☐ 축구	☐ 재즈	☐ 라틴 댄스	☐ 액션 영화
☐ 야구	☐ 힙합	☐ 힙합 댄스	☐ 공포 영화
☐ 농구	☐ 케이팝	☐ 케이팝 댄스	☐ 애니메이션
☐ 배구	☐ 록	☐ 디스코 댄스	☐ 판타지 영화

A : 시간이 있을 때 뭐 하세요?

B : _____

A : 어떤 _____을/를 좋아하세요?

B : _____

A : 보통 어디에서 _____?

B : _____

A : 얼마나 자주 _____?

B : _____

A : _____

B : _____

NEW ✦ 배구 volleyball   록 rock music   디스코 댄스 disco dance

2. 여러분은 전에 뭐 배웠어요? 체크해 보세요.

Check off the items that you have learned before.

운동				
☐ 수영	☐ 야구	☐ 축구	☐ 농구	☐ 테니스
☐ 배드민턴	☐ 탁구	☐ 골프	☐ 자전거	☐ 스키
☐ 스케이트	☐ 스노보드	☐		

악기				
☐ 피아노	☐ 기타	☐ 하모니카	☐ 드럼	☐ ....

춤				
☐ 재즈 댄스	☐ 라틴 댄스	☐ 힙합 댄스	☐ 케이팝 댄스	☐ ....

외국어				
☐ 한국어	☐ 영어	☐ 중국어	☐ 프랑스어	☐ ....

...				
☐ 요리	☐ 노래	☐ 사진	☐ 그림	☐ ....

드럼

그림

NEW 드럼 drum   그림 picture, painting, drawing

3. 2번 목록에서 하나를 골라 친구하고 이야기해 보세요. 그리고 쓰세요.
Choose one of the items from the lists in No. 2 to discuss with your classmates and then write the answers to the questions below.

1	뭐 배웠어요?

2	언제 시작했어요? 얼마 동안 배웠어요?	3년 전에, 20살 때, 고등학교 때 …

3	어디에서/누구한테서 배웠어요?	학교에서, 학원에서, 아버지한테서 …

4	일주일에 몇 번 배웠어요? 언제 배웠어요?	아침, 저녁, 수업 후, 퇴근 후 …

5	어땠어요?

6	다음에는 뭐 배우고 싶어요? 왜요?

❶ _____

❷ _____
_____

❸ _____
_____

❹ _____
_____

❺ _____
_____

❻ _____
_____

4. 여러분의 취미에 대해 쓰세요. (다음 문법을 사용해 보세요.)
Write about a personal hobby. (Use the grammatical constructions in the box.)

☐ 동-(으)러 가요/다녀요	☐ 동형-고	☐ 동-고 싶어요
☐ 동-(으)ㄹ 줄 알아요/몰라요	☐ 동-거나	☐ 동형-지만

틀린 것을 다시 써 보세요.
Rewrite the parts you got wrong.

동-고 있어요
못 동
명보다 더

1. 친구하고 이야기해 보세요. 그리고 쓰세요.
Practice speaking with your classmates and then write down the answers.

무슨 색이에요?   Ⓐ   Ⓑ   빨간색이에요.

① 빨간색이에요.   ② _____   ③ _____

④ _____   ⑤ _____   ⑥ _____

⑦ _____   ⑧ _____   ⑨ _____

☐ 까만색   ☐ 남색   ☐ 노란색   ☐ 보라색   ☑ 빨간색
☐ 주황색   ☐ 초록색   ☐ 파란색   ☐ 하얀색

2. 다음 그림을 보고 친구하고 이야기해 보세요. 그리고 쓰세요.
Discuss the following picture with your classmates and complete the sentences below.

> 앤디 씨가 지금 뭐 하고 있어요? Ⓐ Ⓑ 커피를 마시고 있어요.

① 앤디 씨가 커피를 마시고 있어요.

② 하루카 씨가 _____

③ 사라 씨가 _____

④ 한스 씨가 _____

⑤ 투안 씨가 _____

⑥ 완 씨가 _____

⑦ 렌핑 씨가 _____

⑧ 가브리엘 씨가 _____

☐ 게임하다	☐ 기타를 치다	☐ 노래하다	☐ 사진을 찍다
☐ 이야기하다	☐ 자다	☐ 춤을 추다	☑ 커피를 마시다

3. 친구하고 이야기하세요. 그리고 쓰세요.
Practice speaking with your classmates and then write down the answers.

❶ A : 운전할 줄 알아요?

　　B : 아니요, | 운전 못 해요. |

❷ A : 골프를 칠 줄 알아요?

　　B : 아니요, _____

❸ A : 한국 음식을 만들 수 있어요?

　　B : 아니요, _____

❹ A : 일요일에 같이 점심을 먹을까요?

　　B : 미안해요. _____

❺ A : 오늘 친구를 만나요?

　　B : 아니요, 친구가 많이 바빠요. 그래서 _____

❻ A : 어제 파티에 갔어요?

　　B : 아니요, 요즘 일이 많아요. 그래서 _____

❼ A : 내일 수업 후에 같이 축구할 수 있어요?

　　B : 미안해요. 다리가 아파요. 그래서 _____

❽ A : 이번 주말에 같이 영화 보러 갈까요?

　　B : 미안해요. 이번 주말에 병원에 가야 해요. 그래서 _____

4. 친구하고 문장을 만들어 보세요. 그리고 쓰세요.
Practice making sentences with your classmates and then write them down.

❶

₩50,000
한스 씨 시계

₩500,000
렌핑 씨 시계

한스 씨 시계가 렌핑 씨 시계보다 더 싸요.

❷

5KG
앤디 씨 가방

1KG
투안 씨 가방

_____

❸

미나 씨 머리

하루카 씨 머리

_____

❹

80km/h

40km/h

지하철

버스

_____

5. 친구하고 문장을 만들어 보세요. 그리고 쓰세요.
Practice making sentences with your classmates and then write them down.

❶ 맛있다   불고기가 비빔밥보다 더 맛있어요.

❷ 쉽다   _____

❸ 비싸다   _____

❹ 높다   _____

❺ 재미있다   _____

❻ 춥다   _____

❼ 좋아하다   _____

❽ 잘하다   _____

6. 다음을 보고 친구하고 이야기해 보세요. 그리고 쓰세요.

Discuss the following advertisements with your classmates and then write answers to the questions below.

신촌 테니스장

전화: 705-8088
위치: 신촌 역에서 버스로 10분,
　　　걸어서 20분
요일: 월요일부터 금요일까지
시간: 오전 7시부터 오후 9시까지
가격: 한 달에 15만 원

* 테니스 라켓을 빌릴 수 있어요.
* 샤워할 수 없어요.

서강 테니스장

• 전화: 706-8734
• 위치: 신촌 역에서 걸어서 5분
• 요일: 월요일부터 금요일까지
• 시간: 오전 7시부터 오후 11시까지
• 가격: 한 달에 20만 원

* 테니스 라켓을 빌릴 수 없어요.
* 샤워할 수 있어요.

1　신촌 테니스장하고 서강 테니스장 중에서 어디가 더 신촌 역에서 가까워요?

2　신촌 테니스장하고 서강 테니스장 중에서 어디가 더 오래 연습할 수 있어요?

3　신촌 테니스장하고 서강 테니스장 중에서 어디가 더 싸요?

4　신촌 테니스장하고 서강 테니스장 중에서 어디가 더 좋아요? 왜요?

❶ _____

❷ _____

❸ _____

❹ _____

NEW　라켓 racket　　오래 long, (for) a long time

1. A교실 그림을 보고 친구하고 이야기해 보세요. 그리고 쓰세요.
Discuss the picture of Classroom A with your classmates and then write a sentence about each student.

렌핑 씨가 지금 뭐 하고 있어요?   영화를 보고 있어요.

① 렌핑 씨가 영화를 보고 있어요.

② 한스 씨가

③ 바야르 씨가

④ 앤디 씨가

⑤ 하루카 씨가

⑥ 사라 씨가

2. B교실 그림을 보고 친구하고 이야기해 보세요. 그리고 쓰세요.
Discuss the picture of Classroom B with your classmates and then write a sentence about each student.

 가브리엘 씨가 지금 뭐 하고 있어요?

 숙제하고 있어요.

❶ 가브리엘 씨가 숙제하고 있어요.

❷ 완 씨가 _____

❸ 수잔 씨가 _____

❹ 투안 씨가 _____

3. A, B교실 그림을 다시 보고 친구하고 이야기해 보세요. 그리고 쓰세요.

Discuss the pictures of Classroom A and Classroom B with your classmates again and then write answers to the questions below.

> **1** A교실하고 B교실에 학생이 몇 명 있어요? 어디가 학생이 더 많아요?

> **2** A교실하고 B교실에 책상이 몇 개 있어요? 어디가 더 커요?

> **3** A교실하고 B교실에 창문이 몇 개 있어요? 어디가 창문이 더 많아요?

> **4** A교실하고 B교실에서 어떤 경치를 볼 수 있어요? 어디가 경치가 더 좋아요?

> **5** A교실하고 B교실에 에어컨이 있어요? 어디가 더 더워요?

❶ _____

_____

❷ _____

_____

❸ _____

_____

❹ _____

_____

❺ _____

_____

4. A교실과 B교실을 비교, 묘사하는 글을 쓰세요. (다음 문법을 사용해 보세요.)

Write a paragraph describing and comparing Classroom A and Classroom B. (Use the grammatical constructions in the box.)

☐ 동-고 있어요   ☐ 못 동   ☐ 명보다 더

☐ 동형-고   ☐ 동형-지만   ☐ 그런데

지금은 쉬는 시간이에요.

틀린 것을 다시 써 보세요.
Rewrite the parts you got wrong.

1. 그림을 보고 룸메이트한테 부탁하는 메모를 쓰세요.

Look at the picture and write a note asking your roommate's favor.

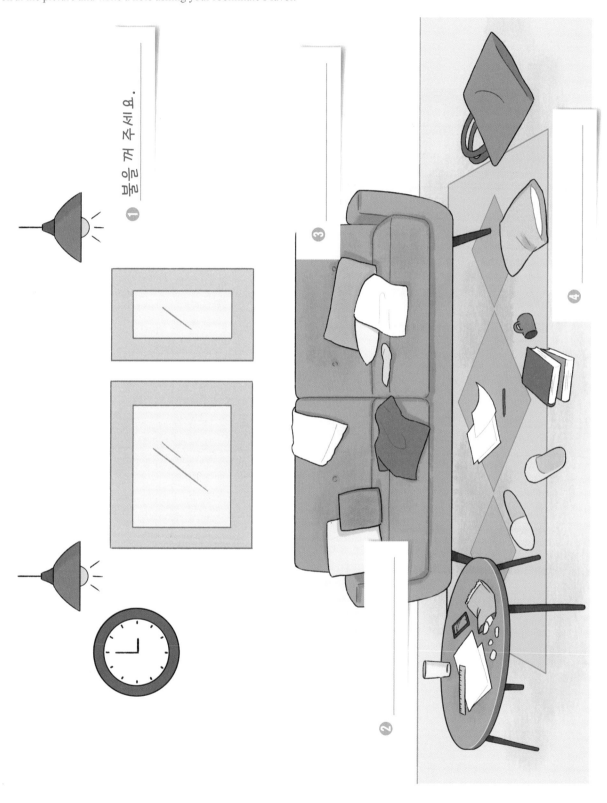

① 불을 꺼 주세요.

☐ 거실을 청소하다　　☑ 불을 끄다　　☐ 소파를 정리하다　　☐ 테이블을 닦다

1. 그림을 보고 룸메이트한테 부탁하는 메모를 쓰세요.

Look at the picture and write a note asking your roommate's favor.

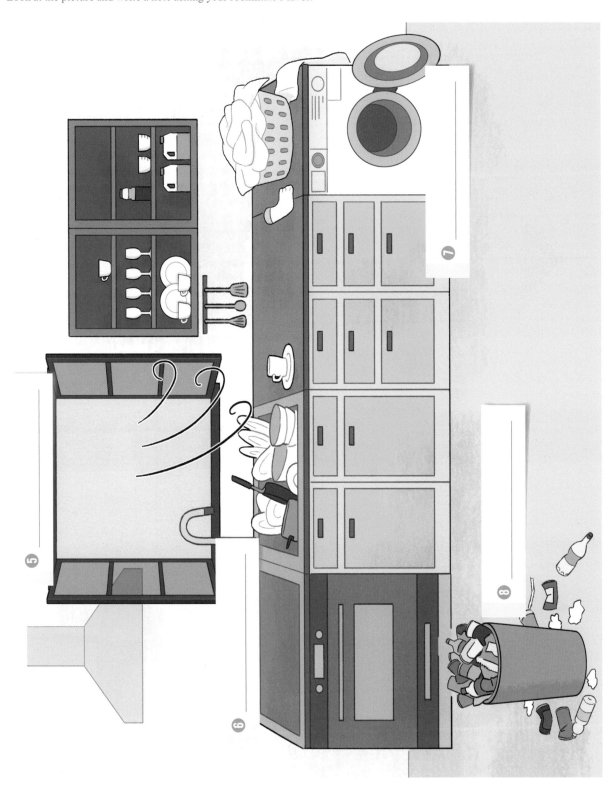

☐ 설거지하다   ☐ 세탁기를 돌리다   ☐ 쓰레기를 버리다   ☐ 창문을 닫다

NEW 세탁기를 돌리다 to run the laundry machine   쓰레기를 버리다 to throw away trash

2. 불고기 만드는 법을 친구하고 이야기해 보세요. 그리고 쓰세요.

Discuss how to make bulgogi with your classmates and then fill in the blanks below.

준비해요

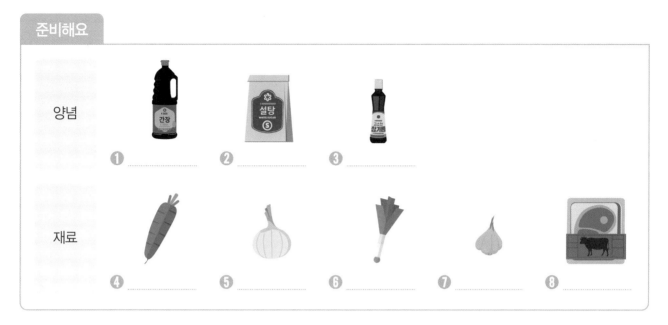

양념

❶ _____ ❷ _____ ❸ _____

재료

❹ _____ ❺ _____ ❻ _____ ❼ _____ ❽ _____

먼저

먼저 간장, 설탕, 참기름, 당근, 양파, 파, 마늘, 소고기를 준비해요.

간장에 설탕, 참기름, 마늘을 넣고 ❾ ㅅ _____

그리고

그리고 고기에 그 간장을 ❿ ㄴ _____

30분쯤 기다려요.

그다음에

그다음에 고기를 당근, 양파, 파하고 같이 ⓫ ㅂ _____

NEW 양념 seasoning, sauce   재료 ingredients

3. 친구하고 맛있는 라면 만드는 법을 이야기해 보세요. 그리고 쓰세요.
Discuss how to make delicious ramen noodles with your classmates and then fill in the blanks below.

준비해요

재료

① _____ ② _____ ③ _____ ④ _____ ⑤ _____

먼저

라면, 물 500ml, 계란, 파를 준비해요.

파를 ⑥ _____

그리고

그리고 물을 ⑦ _____

건더기 스프를 물에 ⑧ _____

3분쯤 ⑨ _____

그다음에

그다음에 분말 스프하고 라면을 물에 ⑩ _____

3분쯤 더 끓이고, 파도 ⑪ _____

라면에 치즈나 계란, 콩나물을 ⑫ _____ 맛있게 먹어요.

NEW 계란 egg   콩나물 bean sprouts   치즈 cheese   끓이다 to boil   건더기 스프 flake soup base   분말 스프 powder soup base

4. 여러분이 아는 요리법을 메모하세요.
Write notes about a recipe you know.

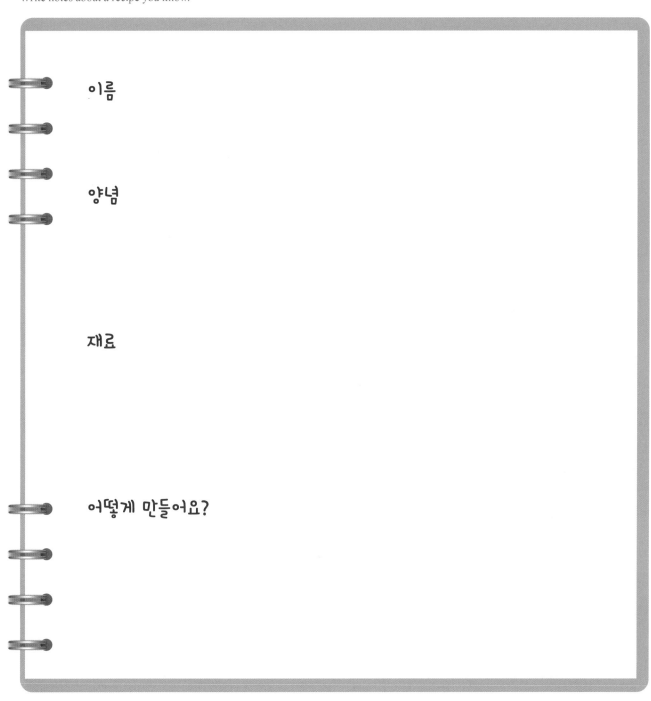

이름

양념

재료

어떻게 만들어요?

☐ 굽다　　　　　☐ 끓이다　　　　　☐ 자르다

NEW 굽다 to grill, to bake

5. 4번에서 메모한 요리를 친구한테 가르쳐 주세요. 그리고 쓰세요.

Tell your classmates about the recipe you wrote in No. 4 and then write the full recipe below.

1	무슨 음식을 만들 줄 아세요?

2	누구한테서 배웠어요?

3	재료가 뭐예요? 뭐 준비해야 해요?

4	어떻게 만들어요?

☐ 동형-고   ☐ 동-아/어 드릴게요   ☐ 동-아/어 보세요
☐ 먼저   ☐ 그리고   ☐ 그다음에

1. 한국에서 어디에 가 봤어요? 친구하고 이야기하세요. 그리고 쓰세요.
Where have you been in Korea? Discuss with your classmates and write answers to the questions below.

| 1 | 어디에 가 봤어요? | 2 | 언제 가 봤어요? |

| 3 | 누구하고 같이 갔어요? | 4 | 왜 거기에 갔어요? |

| 5 | 거기가 어디에 있어요? 어떻게 갔어요? | 6 | 거기에서 뭐 했어요? |

| 7 | 어땠어요? | 8 | 또 어디에 가고 싶어요? |

❶ _____

❷ _____

❸ _____

❹ _____

❺ _____

❻ _____

❼ _____

❽ _____

2. 한국에서 어디에 가 봤는지 쓰세요. (다음 문법을 사용해 보세요.)
Write about somewhere you have been in Korea. (Use the grammatical constructions in the box.)

☐ 명하고	☐ 동형-고	☐ 동형-지만	☐ 형-(으)ㄴ 명
☐ 동-아/어 봤어요	☐ 형-아/어요	☐ 동-(으)ㄹ 수 있어요	☐ 동-고 싶어요

저는 _____ 에 가 봤어요.

_____

_____

_____

_____

_____

_____

 틀린 것을 다시 써 보세요.
Rewrite the parts you got wrong.

74

1. 친구하고 한 문장으로 만들어 보세요. 그리고 쓰세요.
Working with your classmates, combine each pair of sentences into one and write it down.

① 한국 노래를 <u>좋아해요.</u> <u>그래서</u> 많이 들어요.

→ 한국 노래를 좋아해서 많이 들어요.

② 머리가 <u>아파요.</u> <u>그래서</u> 약을 먹으려고 해요.

→ _____

③ 쓰기가 <u>재미있어요.</u> <u>그래서</u> 쓰기 수업을 좋아해요.

→ _____

④ 한국어를 <u>할 줄 알아요.</u> <u>그래서</u> 한국 생활이 재미있어요.

→ _____

⑤ 한국 날씨가 <u>추워요.</u> <u>그래서</u> 코트를 사야 해요.

→ _____

⑥ 집이 학교에서 <u>가까워요.</u> <u>그래서</u> 걸어서 학교에 가요.

→ _____

⑦ 어제 못 <u>쉬었어요.</u> <u>그래서</u> 피곤해요.

→ _____

⑧ 점심을 많이 <u>먹었어요.</u> <u>그래서</u> 지금 배가 고프지 않아요.

→ _____

⑨ 다음 달에 여행을 <u>갈 거예요.</u> <u>그래서</u> 큰 가방을 샀어요.

→ _____

⑩ 다음 주에 친구가 한국에 <u>올 거예요.</u> <u>그래서</u> 공항에 갈 거예요.

→ _____

2. 친구하고 문장을 완성하세요.

Complete the sentences with your classmates.

❶ 바빠서 | 숙제를 못 했어요. |

❷ 표가 없어서 ....

❸ 비가 와서 ....

❹ 시험이 끝나서 ....

❺ 날씨가 좋아서 ....

3. 친구하고 문장을 완성하세요.

Complete the sentences with your classmates.

❶ | 앤디 씨가 재미있어서 | 앤디 씨를 좋아해요.

❷ .... 주말에 공부하려고 해요.

❸ .... 발이 아파요.

❹ .... 한국에 왔어요.

❺ .... 학교에 갈 수 없어요.

4. 친구하고 문장을 만들어 보세요. 그리고 쓰세요.
Practice making sentences with your classmates and then write them down.

1 한국어가 어려워요.

• 많이 연습하려고 해요.

많이 연습하다

•

2 다음 주에 시험이 있어요.

•

친구하고 같이 공부하다

•

3 감기에 걸렸어요.

•

약국에서 약을 사다

•

4 가족이 한국에 올 거예요.

•

서울을 안내하다

•

5 집이 학교에서 멀어요.

•

이사하다

•

5. 친구하고 이야기해 보세요. 그리고 쓰세요.
Discuss with your classmates and then write down your conversation.

| 1 | 올해/내년에 무슨 계획이 있어요? |

❶ 아르바이트를 하려고 해요.

❷ _____

❸ _____

| 2 | 한국에서 뭐 할 거예요? |

❶ _____

❷ _____

❸ _____

| 3 | 10년 후에 뭐 할 거예요? |

❶ _____

❷ _____

❸ _____

1. 앤디 씨한테 무슨 일이 있었어요? 친구하고 이야기해 보세요. 그리고 쓰세요.
What happened to Andy? Discuss with your classmates and then write down sentences.

❶

앤디 씨는 어제 밤 늦게까지 축구 경기를 봤어요.
축구가 밤 4시에 끝났어요.

축구 경기
a football (soccer) match

❷

알람
alarm

❸

❹

❺

복도 hallway

❻

앤디 씨는 교실에 들어갔어요.
하지만 친구들이 없었어요. 선생님도 안 계셨어요.

❼

전화가 오다
to get a phone
call

❽

전화를 받다
to take a call,
pick up the phone

❾

?

❿

2. 친구하고 이야기해 보세요. 그리고 쓰세요.

Discuss with your classmates and then write down your conversation.

| 1 | 언제 한국에 오셨어요? | 2 | 왜 한국에 오셨어요? |

| 3 | 한국어 공부가 어땠어요? | 4 | 반 친구들을 소개해 주세요. |

| 5 | 다음 학기에도 한국어를 공부할 거예요? | 6 | 방학 계획이 있으세요?
방학 때 뭐 하려고 해요? |

❶ _____

❷ _____

❸ _____

❹ _____

_____

❺ _____

❻ _____

3. 이번 학기에 대해 쓰세요. (다음 문법을 사용해 보세요.)

Write about your impression of this semester. (Use the grammatical constructions in the box.)

☐ 동-(으)ㄹ 수 있어요/없어요	☐ 형-(으)ㄴ 명	☐ 동형-고
☐ 동-(으)ㄹ 줄 알아요/몰라요	☐ 동형-지만	☐ 동-아/어 봤어요
☐ 명보다 더	☐ 동형-아/어서	☐ 동-(으)려고 해요

저는 세 달 전에 한국에 왔어요.

 틀린 것을 다시 써 보세요.
Rewrite the parts you got wrong.

1. 알맞은 조사를 넣어 보세요.
Fill in the blanks with appropriate markers.

① 저는 토요일 _____ 미나 씨_____ 한강 공원 _____ 갈 거예요.

② 오후 _____ 다른 약속 _____ 있어요.

③ 지난주 _____ 한강 공원 _____ 자전거 _____ 탔어요.

④ 서울 생활_____ 아주 마음_____ 들어요.

⑤ 저는 미나 씨_____ 한국어 _____ 이야기하고 싶어요.

⑥ 지금 집 _____ 좀 불편해요.

⑦ 이번 학기 _____ 한 달 후 _____ 끝나요.

⑧ 남대문 시장 _____ 한국 여행 선물 _____ 살 수 있어요.

⑨ 싼 옷 _____ 살 수 있어요. 그리고 예쁜 액세서리 _____ 살 수 있어요.

⑩ 남산 _____ 명동 _____ 가까워요. 멀지 않아요.

2. 문장을 완성하세요.
Complete the sentences.

① 지난달에 한국어 공부를 시작했어요. 그래서 _____
　　　　　　　　　　　　　　　　　　　　　　-(으)ㄹ 수 있어요

② 한국에서 일하고 싶어요. 그럼 _____
　　　　　　　　　　　　　　-아/어야 해요

③ 남산이 안 높아요. _____
　　　　　　　　　-지 않아요

④ 맛있는 과자예요. 한번 _____
　　　　　　　　　-아/어 보세요

83

3. 다음 단어를 이용해서 문장을 만들어 보세요.
Make a sentence using the following words.

❶ 마음에 들다 _____

❷ 유명하다 _____

❸ 쉽다 _____

❹ 멀다 _____

❺ 늦게까지 _____

4. 친구하고 인터뷰를 연습해 보세요. 그리고 쓰세요.
Do a mock interview with your classmates and then write your answers.

❶ 학교에서 뭐 할 수 있어요? 뭐 할 수 없어요?

❷ 한국어를 잘하고 싶어요. 어떻게 해야 해요?

❸ 한국 생활이 재미있어요? 한국 생활이 어때요?

❹ 생일이 언제예요? 생일 때 어떤 선물을 받고 싶어요?

5. 친구하고 쇼핑하는 대화를 만들어 보세요. 그리고 쓰세요.

Work on a dialogue about going shopping with your classmate and then write it down below.

A : 어서 오세요. 뭐 찾으세요?

B :

A :

B :

A :

B :

A :

B :

A :

B :

 틀린 것을 다시 써 보세요.

Rewrite the parts you got wrong.

6. 친구하고 이야기해 보세요. 그리고 쓰세요. (다음 문법을 사용해 보세요.)
Practice speaking with your classmates and then write answers to the questions below. (Use the grammatical constructions in the box.)

1	어디에 가고 싶어요?

2	거기가 어떤 곳이에요?

3	거기에서 뭐 할 수 있어요?

4	거기에서 뭐 해야 해요?

5	거기에 어떻게 가요? 얼마나 걸려요?

☐ 명이/가 명에 있어요   ☐ 동-아/어요   ☐ 형-아/어요
☐ 형-(으)ㄴ 명   ☐ 동-(으)ㄹ 수 있어요/없어요   ☐ 동형-아/어야 해요

1. 알맞은 조사를 넣어 보세요.
Fill in the blanks with appropriate markers.

❶ 저는 토요일＿＿＿＿＿ 인사동＿＿＿＿＿ 북촌＿＿＿＿＿ 가고 싶어요.

❷ 앤디 씨는 친구들＿＿＿＿＿ 월드컵 공원＿＿＿＿＿ 놀러 갔어요.

❸ 월드컵 공원은 학교＿＿＿＿＿ 멀지 않았어요.

❹ 앤디 씨＿＿＿＿＿ 이겼어요. 그래서 기분＿＿＿＿＿ 좋았어요.

❺ 다음에는 우리 둘이서＿＿＿＿＿ 와요.

❻ 4시＿＿＿＿＿ 학교 정문 앞＿＿＿＿＿ 만나요.

❼ 날씨＿＿＿＿＿ 안 좋아요. 비＿＿＿＿＿ 와요. 그리고 바람＿＿＿＿＿ 많이 불어요.

❽ 할머니는 요즘 건강＿＿＿＿＿ 안 좋으세요.

❾ 어머니는 드라마＿＿＿＿＿ 아주 좋아하세요.

❿ 앤디 씨는 열＿＿＿＿＿ 많이 났어요. 그리고 목＿＿＿＿＿ 많이 아팠어요.

2. 문장을 완성하세요.
Complete the sentences.

❶ 저는 보통 수업 후에 ＿＿＿＿＿＿＿＿＿＿＿＿＿＿＿＿＿＿＿＿＿
　　　　　　　　　　　　　　　　　-고

❷ A : 내일 같이 ＿＿＿＿＿＿＿＿＿＿＿＿＿＿＿＿＿＿＿＿＿＿＿
　　　　　　　　　　　　　-(으)ㄹ까요?

　 B : 네, 좋아요. 같이 봐요.

❸ 할아버지가 카페에서 ＿＿＿＿＿＿＿＿＿＿＿＿＿＿＿＿＿＿＿
　　　　　　　　　　　　　　　　-(으)세요

❹ 할아버지가 어제 공원에서 ＿＿＿＿＿＿＿＿＿＿＿＿＿＿＿＿
　　　　　　　　　　　　　　　　-(으)셨어요

3. 다음 단어를 이용해서 문장을 만들어 보세요.
Make a sentence using the following words.

❶ 다 같이 _____

❷ 다양하다 _____

❸ 아프다 _____

❹ 비가 오다 _____

❺ 시험을 보다 _____

4. 친구하고 인터뷰를 연습해 보세요. 그리고 쓰세요.
Do a mock interview with your classmates and then write your answers.

❶ 언제 한국에 오셨어요? 왜 한국에 오셨어요?

❷ 왜 한국어를 배우세요?

❸ 한국 음식을 좋아하세요? 무슨 음식을 좋아하세요? (3개)

❹ 보통 저녁 때 뭐 하세요? (2개)

5. 친구하고 약속을 만들어 보세요. 그리고 쓰세요.

Practice making plans with your classmates and then write down the dialogue below.

A : _____ 씨, 주말에 시간 있어요?

B : ....

A : 요즘 날씨가 좋아요. 우리 같이 _____ ?

B : ....

A : ....

B : ....

A : ....

B : ....

A : ....

B : ....

 틀린 것을 다시 써 보세요.

Rewrite the parts you got wrong.

6. 여러분 나라의 축제에 대해서 친구하고 이야기해 보세요. 그리고 쓰세요. (다음 문법을 사용해 보세요.)

Discuss a festival in your country with your classmates and then write a description of the festival below. (Use the grammatical constructions in the box.)

봄꽃축제

연등축제

불꽃축제

| 1 | 어떤 축제가 있어요? | 2 | 그 축제를 언제 해요? |

| 3 | 축제에서 사람들이 뭐 해요? | 4 | 축제에서 무슨 음식을 먹어요? |

- ☐ 동 -(으)ㄹ 수 있어요/없어요
- ☐ 동 -아/어 보세요
- ☐ 형 -아/어요
- ☐ 명 하고
- ☐ 형 -(으)ㄴ 명
- ☐ 동 형 -고

1. 알맞은 조사를 넣어 보세요.
Fill in the blanks with appropriate markers.

➊ 저는 수영＿＿＿＿＿ 할 줄 알아요. 그리고 골프＿＿＿＿＿ 칠 줄 알아요.

➋ 저는 한국 문화＿＿＿＿＿ 관심이 많아요.

➌ 어려운 단어가 있어요? 그럼 선생님＿＿＿＿＿ 물어보세요.

➍ 일주일＿＿＿＿＿ 세 번 테니스장에 가요.

➎ 지하철이 버스＿＿＿＿＿ 더 빨라요.

➏ 한스 씨는 오후에 회사＿＿＿＿＿ 다녀요.

➐ 한국 친구를 만나고 싶어요. 한국 친구＿＿＿＿＿ 소개해 줄 수 있어요?

➑ 지하철에서 가방을 잃어버렸어요? 그럼 유실물 센터＿＿＿＿＿ 전화해 보세요.

➒ 지훈 씨는 대학교＿＿＿＿＿ 신문방송학＿＿＿＿＿ 전공했어요.

➓ 김밥＿＿＿＿＿ 비빔밥 중＿＿＿＿＿ 뭐＿＿＿＿＿ 더 싸요?

2. 문장을 완성하세요.
Complete the sentences.

➊ 피아노를 배우지 않았어요. 그래서 ＿＿＿＿＿＿＿＿＿＿＿＿＿＿＿＿＿＿＿＿＿＿
　　　　　　　　　　　　　　　　　　-(으)ㄹ 줄 알아요/몰라요

➋ 앤디 씨가 지금 카페에 있어요. ＿＿＿＿＿＿＿＿＿＿＿＿＿＿＿＿＿＿＿＿＿＿
　　　　　　　　　　　　　　　　　　-고 있어요

➌ 코미디 영화가 ＿＿＿＿＿＿＿＿＿＿＿＿＿＿＿＿＿＿＿＿＿＿＿＿＿＿＿＿＿
　　　　　　　　　　　　　보다 더

➍ 수업 후에 보통 ＿＿＿＿＿＿＿＿＿＿＿＿＿＿＿＿＿＿＿＿＿＿＿＿＿＿＿＿
　　　　　　　　　　　-거나

➎ 한국어가 ＿＿＿＿＿＿＿＿＿＿＿＿＿＿＿＿＿＿＿＿＿＿＿＿＿＿＿＿＿＿＿＿
　　　　　　　　-지만

3. 다음 단어를 이용해서 문장을 만들어 보세요.
Make a sentence using the following words.

❶ 빨리 _____

❷ 힘들다 _____

❸ 관심이 많다 _____

❹ 혹시 _____

❺ 크게 _____

4. 친구하고 인터뷰를 연습해 보세요. 그리고 쓰세요.
Do a mock interview with your classmates and then write your answers.

❶ 무슨 운동을 할 줄 알아요? 언제 배웠어요? 얼마 동안 배웠어요?

❷ 보통 시간이 있을 때 뭐 하세요? (2개)

❸ 지금은 쉬는 시간이에요. 친구들이 뭐 하고 있어요?

❹ 어느 나라 말을 할 줄 알아요? 그 나라 말하고 한국어 중에서 뭐가 더 어려워요?

5. 친구하고 한국어 공부에 대해 이야기해 보세요. 그리고 대화를 쓰세요.
Discuss studying Korean with your classmates and then write down the dialogue below.

A : 언제부터 한국어를 배웠어요?

B : ....

A : 왜 한국어를 배우고 싶었어요?

B : ....

A : 한국어 공부가 어때요?

B : ....

A : ....

B : ....

A : ....

B : ....

틀린 것을 다시 써 보세요.
Rewrite the parts you got wrong.

6. 자기소개서를 쓰세요. (다음 문법을 사용해 보세요.)
Write a personal introduction for yourself. (Use the grammatical constructions in the box.)

1	어디에서 일하고 싶습니까?

2	무엇을 전공했습니까?

3	아르바이트나 인턴을 했습니까?

4	어느 나라 말을 할 줄 압니까? 얼마 동안 배웠습니까?

5	또 무엇을 할 줄 압니까?

☐ 동-(으)ㄹ 줄 알다/모르다   ☐ 명하고   ☐ 형-(으)ㄴ 명
☐ 동-(으)ㄹ 수 있다/없다   ☐ 동형-고   ☐ 동형-ㅂ/습니다

저는 .... 입니다.

_____

_____

_____

_____

_____

_____

_____

틀린 것을 다시 써 보세요.
Rewrite the parts you got wrong.

1. 알맞은 조사를 넣어 보세요.

Fill in the blanks with appropriate markers.

① 친구가 한국에 와서 서울＿＿＿＿＿＿ 안내해야 해요.

② 한국 회사＿＿＿＿＿ 일하고 싶어요. 그래서 한국어＿＿＿＿＿ 자기소개서를 썼어요.

③ 어제 일＿＿＿＿ 생겨서 완 씨 생일 파티에 못 갔어요.

④ 숙제＿＿＿＿ 아직 못 했어요. 너무 어려워요.

⑤ 요즘 한국 날씨가 추워서 두꺼운 옷＿＿＿＿＿ 필요해요.

⑥ 기침이 나고 열도 나요. 감기＿＿＿＿ 걸렸어요.

⑦ 다음 주에 TOPIK 시험＿＿＿＿＿ 보려고 해요.

⑧ 저는 오이를 안 좋아해요. 오이＿＿＿＿ 빼 주세요.

⑨ 완 씨가 한국 요리를 할 줄 알아요. 저는 완 씨＿＿＿＿＿ 불고기를 배웠어요.

⑩ 다음 주에 한국에 갈 거예요. 뉴욕 시간＿＿＿＿＿ 화요일 저녁 10시＿＿＿＿＿ 출발해요.

2. 문장을 완성하세요.

Complete the sentences.

① 저는 여행을 좋아해요. 한국에서 부산하고 제주도에 　가 봤어요.　
　　　　　　　　　　　　　　　　　　　　　　-아/어 봤어요

② 제가 한국 음식을 많이 먹어 봤어요. 맛있는 식당을 ＿＿＿＿＿＿＿＿＿＿＿＿
　　　　　　　　　　　　　　　　　　　　　　-아/어 드릴게요

③ 날씨가 ＿＿＿＿＿＿＿＿＿＿＿＿＿＿＿＿＿ 한강에 가려고 해요.
　　　　　　　-아/어서

④ 이번 학기가 벌써 다 끝났어요. 시간이 정말 ＿＿＿＿＿＿＿＿＿＿＿＿＿＿
　　　　　　　　　　　　　　　　　　　　-지요?

⑤ 다음 학기에도 서강대학교에서 계속 ＿＿＿＿＿＿＿＿＿＿＿＿＿＿＿＿＿
　　　　　　　　　　　　　　　　　-(으)려고 해요

3. 다음 단어를 이용해서 문장을 만들어 보세요.
Make a sentence using the following words.

① 여기저기 _____

② 가끔 _____

③ 금방 _____

④ 똑똑하다 _____

⑤ 필요하다 _____

4. 친구하고 인터뷰를 연습해 보세요. 그리고 쓰세요.
Do a mock interview with your classmates and then write your answers.

① 한국 음식을 좋아해요? 무슨 음식을 먹어 봤어요?

② 한국에서 여행해 봤어요? 어땠어요?

③ 한국하고 여러분 나라하고 어떻게 달라요? (날씨, 교통, 음식 …)

④ 이번 방학 때 뭐 하려고 해요? 특별한 계획이 있어요?

5. 친구하고 한국어 공부에 대해 이야기해 보세요. 그리고 대화를 쓰세요.

Discuss studying Korean with your classmates and then write down the dialogue below.

A : 고향이 어디예요?

B : ....

A : 한국에서 얼마나 걸려요?

B : ....

A : 고향 날씨가 어때요?

B : ....

A : ○○ 씨 나라에 여행 갈 때 뭐 가지고 가야 해요?

B : ....

A : 왜요?

B : ....

틀린 것을 다시 써 보세요.

Rewrite the parts you got wrong.

6. 한국 음식을 먹어 봤어요? 친구하고 이야기해 보세요. 그리고 쓰세요. (다음 문법을 사용해 보세요.)

Have you tried Korean food? Practice speaking with your classmates and then write down the answers.(Use the grammatical constructions in the box.)

1	무슨 음식을 먹어 봤어요?

2	언제, 어디에서, 누구하고 먹었어요?

3	맛이 어땠어요?

4	또 무슨 음식을 먹어 보고 싶어요?

- ☐ 동-(으)러 가요
- ☐ 동형-고
- ☐ 동형-아/어서
- ☐ 동-(으)ㄹ 수 있어요/ 없어요
- ☐ 동형-지만
- ☐ 동-(으)려고 해요
- ☐ 명하고
- ☐ 동-아/어 봤어요

틀린 것을 다시 써 보세요.

Rewrite the parts you got wrong.

98

1. 알맞게 쓰세요.
Write the correct forms of each word.

① 조용하다 ↔ 시끄럽다

조용해요.	조용한	도서관
시끄럽지 않아요.		

② 비싸다 ↔ 싸다

	핸드폰

③ 높다 ↔ 낮다

	빌딩

④ 적다 ↔ 많다

	돈

⑤ 느리다 ↔ 빠르다

	버스

⑥ 크다 ↔ 작다

	집

⑦ 길다 ↔ 짧다

	스카프

⑧ 가볍다 ↔ 무겁다

	가방

⑨ 다르다 ↔ 같다

	색

⑩ 맛없다 ↔ 맛있다

	음식

2. 그림을 보세요. 그리고 쓰세요.
Look at the pictures, compare the items, and write sentences as in No. 1.

①

₩1,000,000   ₩400,000
앤디 씨 카메라   미나 씨 카메라

앤디 씨 카메라가 미나 씨 카메라보다 더 비싸요.

②

미나 씨 드라이기   수잔 씨 드라이기

③

10kg   1kg
앤디 씨 가방   한스 씨 가방

④

완 씨 구두   바야르 씨 구두

3. 존댓말로 바꾸세요.
Convert the underlined words into jondaenmal(honorifics).

❶ 아버지가 회사에 <u>가요</u>.　　　　→ 아버지가 회사에 ┃ 가세요. ┃

❷ 어머니가 거실에서 책을 <u>읽어요</u>.　→ 어머니가 거실에서 책을 _____

❸ 할아버지가 음악을 <u>들어요</u>.　　　→ 할아버지가 음악을 _____

❹ 할아버지가 영어를 <u>할 줄 알아요</u>.　→ 할아버지가 영어를 _____

❺ 할아버지가 낮잠을 <u>자요</u>.　　　　→ 할아버지가 낮잠을 _____

❻ 선생님이 커피를 <u>마셔요</u>.　　　　→ 선생님이 커피를 _____

❼ 선생님이 교실에 <u>있어요</u>.　　　　→ 선생님이 교실에 _____

❽ 할머니가 집에 <u>없어요</u>.　　　　　→ 할머니가 집에 _____

❾ 선생님이 <u>말해요</u>.　　　　　　　→ 선생님이 _____

❿ 선생님이 신촌에 <u>살아요</u>.　　　　→ 선생님이 신촌에 _____

⓫ 아버지가 어제 밤 10시에 집에 <u>왔어요</u>.　→ 아버지가 어제 밤 10시에 _____

⓬ 어머니가 지난주에 테니스를 <u>쳤어요</u>.　→ 어머니가 지난주에 테니스를 _____

⓭ 아버지가 지난 주말에 한복을 <u>입었어요</u>.　→ 아버지가 지난 주말에 한복을 _____

⓮ 할머니가 어제 공원에서 <u>걸었어요</u>.　→ 할머니가 어제 공원에서 _____

⓯ 선생님이 작년에 스페인에 <u>살았어요</u>.　→ 선생님이 작년에 스페인에 _____

4. 다음 문법을 이용해서 문장을 만드세요.
Using each of the grammatical constructions below, write a sentence.

❶ 동 형 -아/어야 해요　_____

❷ 동 -고 있어요　_____

❸ 동 -(으)ㄹ 줄 알아요　_____

❹ 동 -(으)려고 해요　_____

❺ 동 -아/어 봤어요　_____

5. 〈보기〉 문법을 이용해서 문장을 연결하세요.
Connect the sentences using the grammatical constructions in the box.

보기	-지만	-거나	-고	-아/어서

❶ 렌핑 씨는 어제 집에서 [청소하고] 빨래했어요.
　　　　　　　　　　　　청소하다

❷ 미나 씨는 주말에 보통 영화를 ＿＿＿＿＿＿＿＿＿ 친구를 만나요.
　　　　　　　　　　　　　　　보다

❸ 한스 씨는 테니스를 칠 줄 ＿＿＿＿＿＿＿＿＿ 스키를 탈 줄 몰라요.
　　　　　　　　　　　　　알다

❹ 사라 씨는 한국 영화를 ＿＿＿＿＿＿＿＿＿ 영화관에 자주 가요.
　　　　　　　　　　　좋아하다

6. 대답을 쓰세요.
Write the answers.

❶ A : 잠깐 이야기할 수 있어요?

　 B : [미안해요. 지금은 이야기할 수 없어요.]

❷ A : 집이 멀어요?

　 B : 아니요, ＿＿＿＿＿＿＿＿＿＿＿＿＿＿＿＿＿＿＿＿＿

❸ A : 무슨 한국 음식을 좋아해요? (2개)

　 B : ＿＿＿＿＿＿＿＿＿＿＿＿＿＿＿＿＿＿＿＿＿＿＿

❹ A : 보통 수업 후에 뭐 해요? (2개)

　 B : ＿＿＿＿＿＿＿＿＿＿＿＿＿＿＿＿＿＿＿＿＿＿＿

❺ A : 내일 같이 영화 볼까요?

　 B : 네, ＿＿＿＿＿＿＿＿＿＿＿＿＿＿＿＿＿＿＿＿＿＿

❻ A : 어디가 아프세요?

　 B : 네, ＿＿＿＿＿＿＿＿＿＿＿＿＿＿＿＿＿＿＿＿＿＿

7. 질문을 쓰세요.

Write the questions.

❶ A: 갈비 먹어 봤어요?

B: 아니요, 아직 못 먹어 봤어요.

❷ A: _____? (존댓말)

B: 두 달 전에 왔어요.

❸ A: _____?

B: 아니요, 스키 탈 줄 몰라요.

❹ A: _____?

B: 주말에 보통 책을 읽거나 영화를 봐요.

❺ A: _____?

B: 지하철이 버스보다 더 빨라요.

❻ A: _____?

B: 한국 문화를 좋아해서 한국어를 배워요.

8. 지금까지 써 본 쓰기 주제를 다시 한번 확인해 보세요.

Review the writing topics covered so far.

1	고향에 대해 써 보세요.	2	살고 싶은 집에 대해 써 보세요.
3	놀러 간 경험에 대해 써 보세요.	4	가족의 주말 생활에 대해 써 보세요.
5	취미에 대해 써 보세요.	6	요리법을 써 보세요.
7	여행 경험에 대해 써 보세요.	8	이번 학기에 대해 써 보세요.

부록 Appendix

1-① p.14-18

1. 1️⃣ 같이 식사할 수 있어요.

  예 같이 도서관에 갈 수 있어요.

  2️⃣ 한국 문화를 배울 수 있어요.

  예 한국어를 연습할 수 있어요.

  3️⃣ 한자를 읽을 수 있어요.

  예 중국어를 조금 말할 수 있어요.

  4️⃣ 도서관에 들어갈 수 없어요.

  예 도서관에서 책을 빌릴 수 없어요.

  5️⃣ 같이 영화 보러 갈 수 없어요.

  예 같이 식사할 수 없어요.

2. 1️⃣ 한국 사람하고 연습해야 해요.

  예 한국 드라마를 봐야 해요.

  2️⃣ 우산을 사야 해요.

  예 집에 있어야 해요.

  3️⃣ 같이 한국 음식을 먹어야 해요.

  예 같이 서울을 구경해야 해요.

  4️⃣ 친구하고 이야기해야 해요.

  예 친구 이야기를 들어야 해요.

  5️⃣ 한국어를 잘해야 해요.

  예 한국 문화를 잘 알아야 해요.

3. ① 소라 씨가 하루카 씨한테 이메일을 썼어요.

  ② 안녕하세요? 소라예요.

  ③ 서울 생활이 마음에 들어요?

  방학이 언제예요?

  방학 때 뭐 할 거예요?

  ④ 소라 씨가 마지막에 '건강 조심하세요.'라고 인사했어요.

  ⑤ 소라 씨가 마지막에 '소라 드림'이라고 썼어요.

4. 예

  ① 네, 서울 생활이 마음에 들어요.

  / 아니요, 서울 생활이 마음에 안 들어요.

  ② 네, 새 친구들을 많이 만났어요.

  / 아니요, 새 친구들을 많이 안 만났어요.

  ③ 미국, 태국, 몽골 친구를 만났어요.

  ④ 친구들이 아주 친절해요.

  ⑤ 한국어 수업이 재미있어요. 하지만 조금 어려워요.

  ⑥ 지금 집이 학교 근처에 있어요.

  집이 아주 좋아요. / 집이 불편해요.

  ⑦ 집 근처에 공원, 편의점, 카페가 있어요.

  ⑧ 집에서 요리할 수 없어요.

  ⑨ 이번 학기가 한 달 후에 끝나요.

  ⑩ 여행할 거예요.

1. 예

> 제목: 안녕하세요? 하루카예요.
>
> 소라 씨, 안녕하세요?
>
> 저는 서울에서 잘 지내요. 서울 생활이 마음에 들어요. 소라 씨는 일본 생활이 어때요?
>
> 저는 여기에서 새 친구들을 많이 만났어요. 미국, 태국, 몽골 친구를 만났어요. 친구들이 아주 친절해요. 한국어 수업이 재미있어요. 하지만 조금 어려워요. 그래서 매일 친구들하고 연습해요. 열심히 공부해야 해요.
>
> 집이 아주 편해요. 집 근처에 공원, 마트, 편의점이 있어요. 그리고 카페도 많아요.
>
> 이번 학기가 한 달 후에 끝나요. 방학 때 일본에 갈 거예요. 그때 만나요.
>
> 건강 조심하세요.
>
> 하루카 드림

1-② p.19-23

1. ① 산이 높다 산이 높아요.

  ② 산이 낮다 산이 낮아요.

  ③ 사람이 많다 사람이 많아요.

  ④ 사람이 적다 사람이 적어요.

  ⑤ 방이 크다 방이 커요.

  ⑥ 방이 작다 방이 작아요.

  ⑦ 가방이 싸다 가방이 싸요.

  ⑧ 가방이 비싸다 가방이 비싸요.

  ⑨ 날씨가 덥다 날씨가 더워요.

  ⑩ 날씨가 춥다 날씨가 추워요.

  ⑪ 음식이 맛있다 음식이 맛있어요.

  ⑫ 음식이 맛없다 음식이 맛없어요.

2. ① 한국에서는 제주도가 좋아요.

  ② 제주도가 한국 남쪽에 있어요.

  ③ 제주도 경치가 아주 아름다워요.

  ④ 한라산이 유명해요.

  한라산에서 등산할 수 있어요.

⑤ 바다가 예뻐요.

⑥ 바다 옆에 카페가 많아요.

⑦ 카페에서 예쁜 사진을 찍을 수 있어요.

⑧ 제주도 음식이 아주 맛있어요. 돼지고기가 맛있어요.

⑨ 제주도에서 귤이 유명해요.

⑩ 서울에서 제주도까지 비행기로 한 시간쯤 걸려요.

2-①   p.24-28

1.
① 바지가 길어요.   긴 바지예요.

② 바지가 짧아요.   짧은 바지예요.

③ 버스가 빨라요.   빠른 버스예요.

④ 버스가 느려요.   느린 버스예요.

⑤ 옷이 같아요.   같은 옷이에요.

⑥ 옷이 달라요.   다른 옷이에요.

⑦ 시험이 쉬워요.   쉬운 시험이에요.

⑧ 시험이 어려워요.   어려운 시험이에요.

⑨ 가방이 가벼워요.   가벼운 가방이에요.

⑩ 가방이 무거워요.   무거운 가방이에요.

⑪ 교실이 조용해요.   조용한 교실이에요.

⑫ 교실이 시끄러워요.   시끄러운 교실이에요.

2.
① 적어요.   ② 조용해요.

③ 가까워요.   ④ 작아요.

⑤ 빨라요.   ⑥ 높은

⑦ 큰   ⑧ 추운

⑨ 짧은   ⑩ 재미있는

3.
① 작지 않아요.   ② 빠르지 않아요.

③ 어렵지 않아요.   ④ 운동하지 않아요.

⑤ 보지 않아요.

4.
① 도쿄에 가 보세요.

② 김치찌개를 먹어 보세요.

③ 읽어 보세요.

④ 써 보세요.

⑤ 아이유 노래를 들어 보세요.

5.
① 성수동은 젊은 사람들에게 아주 인기가 있는 곳이에요.

② 성수동에 예쁜 카페가 많아요.

③ 성수동에서 맛있는 빵집하고 유명한 식당에 갈 수 있어요.
다른 나라 음식도 먹을 수 있어요. 그리고 예쁜 물건을 살
수 있어요.

④ 서울숲이 아주 넓어요. 큰 나무하고 예쁜 꽃이 많아요.

6. 예

① 한강 공원이 여의도에 있어요.

② 한강 공원이 아주 큰 공원이에요.

③ 잔디밭이 아주 넓어요.

④ 한강 공원에서 자전거를 탈 수 있어요. 산책할 수 있어요.
잔디밭에서 치맥할 수 있어요.

⑤ 한강 공원 편의점에서 라면을 먹어야 해요.

⑥ 지하철 5호선을 타세요. 여의나루 역에서 내리세요.

2-②   p.29-31

1.
① 집이 신촌에 있어요.

② 집이 3층이에요.

③ 집 근처에 공원, 식당, 카페가 있어요.

④ 예 집 근처에 큰 공원이 있어요. 그래서 산책할 수 있어요.

⑤ 예 집에 엘리베이터가 없어요. 그래서 계단으로 가야 해요.

⑥ 지하철역이 가까워요.

2. 예

① 원룸이 마음에 들어요.

② 월세가 65만 원이에요.

③ 집이 4층이에요.

④ 집에 침대, 책상, 옷장, 에어컨, 냉장고, 세탁기, 부엌이 있어
요.

⑤ 집 근처에 마트, 지하철역이 있어요.

⑥ 부엌이 있어요. 그래서 요리할 수 있어요.
집 근처에 공원이 없어요. 그래서 산책할 수 없어요.

3. 예

> 원룸 저는 원룸이 마음에 들어요. 원룸은 월세가 비
> 싸요. 하지만 방이 넓어요. 그리고 집 근처에 큰 마트
> 가 있어요. 마트에서 과일하고 과자를 살 수 있어요. 집
> 이 4층이에요. 하지만 엘리베이터가 있어요. 그래서 불
> 편하지 않아요. 그리고 방에 침대, 책상, 옷장이 있어요.
> 그리고 에어컨, 세탁기도 있어요. 방에서 빨래할 수 있
> 어요. 또 부엌이 있어요. 그래서 요리도 할 수 있어요.
> 아주 편해요. 집 앞에 버스 정류장이 없어요. 하지만 지
> 하철역이 가까워요. 그래서 아주 편해요.

고시원 저는 고시원이 마음에 들어요. 왜냐하면 월세가 싸요. 그리고 방에 침대, 책상, 옷장이 있어요. 또 고시원 근처에 작은 공원이 있어요. 거기에서 운동할 수 있어요. 그리고 산책도 할 수 있어요. 집 앞에 편의점이 있어요. 그리고 조용한 카페도 있어요. 카페에서 공부할 수 있어요.

집이 3층이에요. 엘리베이터가 없어요. 하지만 걸어서 갈 수 있어요. 방에 부엌하고 세탁기가 없어요. 하지만 고시원에 공용 주방하고 공용 세탁실이 있어요. 그래서 요리할 수 있어요. 그리고 빨래할 수 있어요. 불편하지 않아요.

3-① p.32-36

1. ❶ 책하고 필통
   ❷ 호떡하고 칼국수
   ❸ 통인시장하고 성수동
   ❹ 핸드폰하고 노트북
   ❺ 영어하고 프랑스어

2. ❶ 앤디 씨가 학교에서 공부하고 친구를 만나요.
   ❷ 렌핑 씨가 토요일에 산책하고 점심을 먹어요.
   ❸ 바야르 씨가 저녁에 책을 읽고 영화를 봐요.
   ❹ 어제 완 씨가 집에서 태국 음식을 만들고 설거지를 했어요.
   ❺ 오늘 오전에 한스 씨가 학교에서 공부하고 오후에 회사에서 일했어요.

3. ❶ 오늘 숙제하고 게임해요.
   ❷ 보통 저녁에 요가하고 책을 읽어요.
   ❸ 보통 토요일에 쇼핑하고 영화를 봐요.
   ❹ 어제 수업 후에 태권도를 하고 친구하고 식사했어요.
   ❺ 지난 주말에 청소하고 빨래했어요.
   ❻ 오늘 밤에 음악을 듣고 춤을 출 거예요.

4. 예
   ❶ 비빔밥하고 삼겹살을 좋아해요.
   ❷ 교실에 책상하고 의자가 있어요.
   ❸ 미국하고 태국에 가고 싶어요.
   ❹ 맛있는 음식을 먹고 이야기해요.
   ❺ 산책하고 자전거를 타요.
   ❻ 여행하고 쇼핑하고 싶어요.
   ❼ 점심을 먹고 숙제했어요.
   ❽ 케이크를 먹고 파티했어요.

❾ 아르바이트하고 여행했어요.

5. ❶ 우리 같이 공부할까요?
   ❷ 남산에 갈까요?
   ❸ 영화를 볼까요?
   ❹ 사진을 찍을까요?
   ❺ 떡볶이를 먹을까요?
   ❻ 걸을까요/산책할까요?
   ❼ 쿠키를 만들까요?

6. ❶ 영화를 볼까요?
   ❷ 어디에서 볼까요?
   ❸ 어디에서 만날까요?
   ❹ 몇 시에 만날까요?
   ❺ 저녁도 먹을까요?
   ❻ 산책도 할까요?

3-② p.37-39

1. ❶ 어제 날씨가 아주 좋았어요.
   ❷ 어제 앤디 씨가 친구들하고 월드컵 공원에 놀러 갔어요.
   ❸ 네, 월드컵 공원은 학교에서 멀지 않았어요.
   ❹ 월드컵 공원은 넓었어요. 나무도 많고 꽃도 아름다웠어요.
   ❺ 앤디 씨는 공원에서 친구들하고 점심을 맛있게 먹었어요. 김밥하고 치킨을 먹었어요. 그다음에 공원에서 산책을 하고 사진을 찍었어요. 그리고 다 같이 게임을 했어요.
   ❻ 앤디 씨가 게임에서 이겼어요. 그래서 기분이 좋았어요.

3. 예

저는 토요일에 친구들하고 서울숲에 갔어요. 신촌역에서 서울숲까지 지하철로 갔어요. 지하철로 30분쯤 걸렸어요. 많이 멀지 않았어요.

서울숲에 꽃하고 나무가 많았어요. 그리고 아름다웠어요. 서울숲에서 산책하고 사진을 많이 찍었어요. 자전거도 탈 수 있었어요. 그다음에 가까운 성수동에 갔어요. 성수동에 예쁜 가게하고 유명한 식당이 많아요. 성수동에서 구경하고 맛있는 저녁도 먹었어요.

토요일에 재미있었어요. 하지만 많이 걸어야 했어요. 그래서 좀 피곤했어요.

다음에는 친구들하고 인천에 놀러 가고 싶어요.

4-①   p.40-44

1. ❶ 오세요. ❷ 일하세요.
❸ 좋아하세요. ❹ 입으세요.
❺ 들으세요. ❻ 사세요.
❼ 말씀하세요. ❽ 주무세요.
❾ 드세요. ❿ 계세요.

2. ❶ 오셨어요. ❷ 일하셨어요.
❸ 치셨어요. ❹ 입으셨어요.
❺ 들으셨어요. ❻ 사셨어요.
❼ 말씀하셨어요. ❽ 주무셨어요?
❾ 드셨어요? ❿ 계셨어요?

3. ❶ 주무세요. ❷ 읽으세요.
❸ 계세요. ❹ 보세요.
❺ 좋아하세요. ❻ 만드세요.

4. ❶ 가족들이 지금 모두 집에 있어요.
❷ 방에 할아버지하고 할머니가 계세요. 할아버지가 지금 주무세요. 할머니는 음악을 들으세요. 미나 씨가 방에 있어요. 방에서 이메일을 써요.
❸ 아버지가 거실에 계세요. 소파에서 주무세요. 언니가 거실에 있어요. 거실에서 게임을 해요.
❹ 어머니가 부엌에 계세요. 부엌에서 요리하세요.

5. 예

> 오늘은 일요일이에요. 일요일 아침에 미나 씨 가족은 보통 집 근처 공원에 가요. 거기에서 산책하고 운동도 해요. 그런데 오늘은 날씨가 아주 더워요. 그리고 바람도 안 불어요. 그래서 밖에 나갈 수 없어요. 지금 모두 집에 있어요.
>
> 할아버지는 방에서 주무세요. 요즘 건강이 안 좋으세요. 할머니는 할아버지 옆에서 음악을 들으세요. 미나 씨는 방에서 친구한테 이메일을 써요. 친한 친구가 프랑스에 공부하러 갔어요. 방학 때 그 친구를 만나러 갈 거예요.
>
> 아버지는 거실에 계세요. 소파에서 주무세요. 어제 집에 늦게 오셨어요. 그래서 아주 피곤하세요. 언니도 거실에 있어요. 거실에서 게임을 해요. 언니는 게임을 아주 좋아해요.
>
> 어머니는 부엌에 계세요. 부엌에서 맛있는 간식을 만드세요. 어머니는 요리를 잘하세요. 조금 후에 미나 씨 가족은 맛있는 간식을 먹을 수 있을 거예요.

4-②   p.45-48

1. ❶ 머리 ❷ 목 ❸ 어깨
❹ 배 ❺ 팔 ❻ 다리
❼ 무릎 ❽ 손 ❾ 발
❿ 눈 ⓫ 코 ⓬ 입
⓭ 귀 ⓮ 얼굴 ⓯ 허리

2. ❶ 머리가 아파요. ❷ 배가 아파요.
❸ 눈이 아파요. ❹ 목이 아파요.
❺ 열이 나요. ❻ 콧물이 나요.
❼ 기침이 나요. ❽ 재채기가 나요.
❾ 이가 아파요.

3. 예

> 앤디 : 선생님, 안녕하세요?
> 선생님 : 앤디 씨, 안녕하세요?
> 앤디 : 선생님, 죄송해요. 오늘 학교에 갈 수 없어요.
> 선생님 : 무슨 일이 있으세요?
> 앤디 : 많이 아파요.
> 선생님 : 어디가 아프세요?
> 앤디 : 목이 아파요. 열도 많이 나요.
> 선생님 : 혹시 감기에 걸리셨어요?
> 앤디 : 네, 감기에 걸렸어요.
> 선생님 : 그럼, 약을 드세요. 그리고 푹 쉬세요.
> 앤디 : 네, 감사합니다.

4. 예

> A : 안녕하세요? 저는 김민수예요. 이름이 어떻게 되세요?
> B : 저는 수잔이에요.
> A : 언제 한국에 오셨어요?
> B : 두 달 전에 왔어요. 민수 씨는 무슨 일을 하세요?
> A : 프로그래머예요.
> B : 일이 재미있으세요?
> A : 조금 힘들어요. 하지만 재미있어요. 수잔 씨는 한국 생활이 어떠세요?
> B : 아주 재미있어요.
> A : 그러세요? 한국 친구가 많으세요?
> B : 아니요, 한국 친구가 많지 않아요.

정답 Answer Key

1. ❶ 앤디 씨가 축구할 줄 알아요. 하지만 골프를 칠 줄 몰라요.
   ❷ 앤디 씨가 수영할 줄 몰라요. 하지만 스키를 탈 줄 알아요.
   ❸ 앤디 씨가 탁구를 칠 줄 몰라요. 하지만 스노보드를 탈 줄 알아요.
   ❹ 앤디 씨가 배드민턴을 칠 줄 몰라요. 하지만 야구할 줄 알아요.
   ❺ 앤디 씨가 자전거를 탈 줄 알아요. 하지만 농구할 줄 몰라요.
   ❻ 앤디 씨가 스케이트를 탈 줄 알아요. 하지만 테니스를 칠 줄 몰라요.
   ❼ 앤디 씨가 하모니카를 불 줄 몰라요. 하지만 기타를 칠 줄 알아요.
   ❽ 앤디 씨가 피아노를 칠 줄 알아요. 하지만 플루트를 불 줄 몰라요.

2. ❶ 앤디 씨는 주말에 보통 친구를 만나거나 산책해요.
   ❷ 가브리엘 씨는 토요일에 보통 청소하거나 빨래해요.
   ❸ 앤디 씨는 토요일에 보통 자전거를 타거나 축구해요.
   ❹ 하루카 씨는 수업 후에 보통 책을 읽거나 요가해요.
   ❺ 앤디 씨는 오후에 보통 음악을 듣거나 게임해요.

3. ❶ 방이 비싸지만 커요.
   ❷ 노트북이 가볍지만 좀 비싸요.
   ❸ 한국 생활이 좀 바쁘지만 아주 재미있어요.
   ❹ 완 씨는 주스를 좋아하지만 우유를 안 좋아해요.
   ❺ 앤디 씨는 한국어를 할 줄 알지만 일본어를 할 줄 몰라요.
   ❻ 불고기를 만들었지만 맛없어요/맛없었어요.
   ❼ 주말에 많이 쉬었지만 피곤해요/피곤했어요.
   ❽ 약을 먹었지만 아파요/아팠어요.

4. **받침 X**
   ❶ 공부합니다, 공부했습니다
   ❷ 좋아합니다, 좋아했습니다
   ❸ 갑니다, 갔습니다
   ❹ 옵니다, 왔습니다
   ❺ 배웁니다, 배웠습니다
   ❻ 가르칩니다, 가르쳤습니다
   ❼ 씁니다, 썼습니다
   ❽ 바쁩니다, 바빴습니다
   ❾ 모릅니다, 몰랐습니다
   ❿ 빠릅니다, 빨랐습니다

받침 O
   ❶ 받습니다, 받았습니다
   ❷ 먹습니다, 먹었습니다
   ❸ 읽습니다, 읽었습니다
   ❹ 많습니다, 많았습니다
   ❺ 있습니다, 있었습니다
   ❻ 없습니다, 없었습니다
   ❼ 듣습니다, 들었습니다
   ❽ 걷습니다, 걸었습니다
   ❾ 덥습니다, 더웠습니다
   ❿ 무겁습니다, 무거웠습니다
   ⓫ 압니다, 알았습니다
   ⓬ 깁니다, 길었습니다
   ⓭ 만듭니다, 만들었습니다
   ⓮ 멉니다, 멀었습니다

-이다
   ❶ 의사입니다, 의사였습니다
   ❷ 선생님입니다, 선생님이었습니다

5. ❶ 입니다.　　❷ 싶습니다.
   ❸ 전공했습니다.　　❹ 했습니다.
   ❺ 많았습니다.　　❻ 공부했습니다.
   ❼ 있습니다.　　❽ 다녔습니다.
   ❾ 압니다.　　❿ 압니다.
   ⓫ 잘합니다.　　⓬ 싶습니다.
   ⓭ 부탁드립니다.

1. **예**

> A : 시간이 있을 때 뭐 하세요?
> B : 음악을 듣거나 영화를 봐요.
> A : 어떤 영화를 좋아하세요?
> B : 코미디 영화를 좋아해요.
> A : 보통 어디에서 영화를 보세요?
> B : 보통 영화관에서 봐요.
> A : 얼마나 자주 보세요?
> B : 일주일에 한 번 봐요. 보통 토요일이나 일요일에 보러 가요.
> A : 그럼 이번 주말에 시간 있어요? 우리 같이 영화 보러 갈까요?
> B : 네, 좋아요. 요즘 재미있는 영화가 많아요.

3. 예

① 일본어를 배웠어요.

② 2년 전에 시작했어요. 여섯 달 동안 배웠어요.

③ 집 근처 일본어 학원에서 배웠어요.

④ 일주일에 두 번, 화요일하고 목요일 저녁에 학원에서 배웠어요.

⑤ 좋았어요. 선생님하고 반 친구들이 친절했어요. 하지만 일본어가 조금 어려웠어요.

⑥ 일본어를 다시 배우거나 수영을 배우고 싶어요. 왜냐하면 일본에 여행 가고 싶어요. 그리고 요즘 건강이 안 좋아요.

4. 예

> 저는 일본어를 조금 할 줄 알아요. 고등학교 때부터 일본 드라마에 관심이 많았어요. 그래서 2년 전에 여섯 달 동안 집 근처 일본어 학원에 일본어를 배우러 다녔어요. 일주일에 두 번, 화요일하고 목요일 저녁에 학원에 갔어요.
>
> 학원은 참 좋았어요. 선생님하고 반 친구들이 친절하고, 수업료도 비싸지 않았어요. 수업이 아주 재미있었어요.
>
> 그런데 일본어가 조금 어려웠어요. 특히 한자가 어려웠어요. 그리고 선생님 말이 조금 빨랐어요. 집에서 복습을 많이 했지만 힘들었어요.
>
> 다음에는 일본어를 다시 배우거나 수영을 배우고 싶어요. 왜냐하면 내년 봄에 부모님하고 꽃을 구경하러 일본에 여행 가고 싶어요. 그리고 요즘 건강이 안 좋아요. 그래서 수영을 배우고 싶어요.

6-①   p.58-62

1. ① 빨간색이에요.   ② 주황색이에요.

③ 노란색이에요.   ④ 초록색이에요.

⑤ 파란색이에요.   ⑥ 남색이에요.

⑦ 보라색이에요.   ⑧ 하얀색이에요.

⑨ 까만색이에요.

2. ① 앤디 씨가 커피를 마시고 있어요.

② 하루카 씨가 수잔 씨하고 게임하고 있어요.

③ 사라 씨가 사진을 찍고 있어요.

④ 한스 씨가 바야르 씨하고 이야기하고 있어요.

⑤ 투안 씨가 기타를 치고 있어요.

⑥ 완 씨가 노래하고 있어요.

⑦ 렌핑 씨가 춤을 추고 있어요.

⑧ 가브리엘 씨가 자고 있어요.

3. ① 운전 못 해요.

② 골프를 못 쳐요.

③ 한국 음식을 못 만들어요.

④ 일요일에 같이 점심을 못 먹어요.

⑤ 오늘 친구를 못 만나요.

⑥ 어제 파티에 못 갔어요.

⑦ 내일 수업 후에 같이 축구 못 해요.

⑧ 이번 주말에 같이 영화 보러 못 가요.

4. ① 한스 씨 시계가 렌핑 씨 시계보다 더 싸요.

/ 렌핑 씨 시계가 한스 씨 시계보다 더 비싸요.

② 앤디 씨 가방이 투안 씨 가방보다 더 무거워요.

/ 투안 씨 가방이 앤디 씨 가방보다 더 가벼워요.

③ 미나 씨 머리가 하루카 씨 머리보다 더 길어요.

/ 하루카 씨 머리가 미나 씨 머리보다 더 짧아요.

④ 지하철이 버스보다 더 빨라요.

/ 버스가 지하철보다 더 느려요.

5. 예

① 불고기가 비빔밥보다 더 맛있어요.

② 읽기 시험이 듣기 시험보다 더 쉬워요.

③ 볼펜이 지우개보다 더 비싸요.

④ 북한산이 남산보다 더 높아요.

⑤ 야구가 축구보다 더 재미있어요.

⑥ 1월이 4월보다 더 추워요.

⑦ 사과를 바나나보다 더 좋아해요.

⑧ 일본어를 영어보다 더 잘해요.

6. ① 서강 테니스장이 신촌 테니스장보다 더 신촌 역에서 가까워요.

② 서강 테니스장이 신촌 테니스장보다 더 오래 연습할 수 있어요.

③ 신촌 테니스장이 서강 테니스장보다 더 싸요.

④ 예

저는 신촌 테니스장이 서강 테니스장보다 더 좋아요. 왜냐하면 신촌 테니스장이 서강 테니스장보다 더 싸요. 그리고 테니스 라켓을 빌릴 수 있어요.

6-②   p.63-66

1. ① 렌핑 씨가 영화를 보고 있어요.

② 한스 씨가 친구하고 게임하고 있어요.

③ 바야르 씨가 전화하고 있어요.

④ 앤디 씨가 음악을 듣고 있어요.

⑤ 하루카 씨가 친구하고 이야기하고 있어요.

❻ 사라 씨가 춤을 추고 있어요.

2. ❶ 가브리엘 씨가 숙제하고 있어요.

❷ 완 씨가 커피를 마시고 있어요.

❸ 수잔 씨가 책을 읽고 있어요.

❹ 투안 씨가 자고 있어요.

3. ❶ A교실에 학생이 8명, B교실에 학생이 4명 있어요. A교실이 B교실보다 학생이 더 많아요.

❷ A교실에 책상이 8개, B교실에 책상이 4개 있어요. A교실이 B교실보다 더 커요.

❸ A교실에 창문이 1개, B교실에 창문이 2개 있어요. B교실이 A교실보다 창문이 더 많아요.

❹ A교실에서 건물을 볼 수 있어요. B교실에서 한강을 볼 수 있어요. B교실이 A교실보다 경치가 더 좋아요.

❺ A교실에 에어컨이 있지만 B교실에 에어컨이 없어요. B교실이 A교실보다 더 더워요.

4. 예

지금은 쉬는 시간이에요. A교실에 학생이 8명, B교실에 학생이 4명 있어요. A교실에 학생이 더 많아요. 그리고 A교실이 B교실보다 더 커요. 하지만 창문은 A교실보다 B교실에 더 많아요. 그리고 B교실에서는 한강을 볼 수 있지만 A교실에서는 한강을 못 봐요. B교실이 A교실보다 경치가 더 좋아요. 그런데 B교실은 에어컨이 없어요. 그래서 B교실이 A교실보다 더 더워요.

A교실은 B교실보다 더 시끄러워요. A교실에서는 바야르 씨가 전화하고 있고, 앤디 씨가 음악을 크게 듣고 있어요. 그리고 한스 씨가 친구하고 카드 게임을 하고 있고, 하루카 씨도 친구하고 큰 소리로 이야기하고 있어요. 하지만 B교실에서는 투안 씨가 자고 있고, 완 씨가 커피를 마시고 있어요. 그리고 가브리엘 씨는 숙제를 하고 있고, 수잔 씨는 책을 읽고 있어요.

7-① p.67-72

1. ❶ 불을 꺼 주세요.

❷ 테이블을 닦아 주세요.

❸ 소파를 정리해 주세요.

❹ 거실을 청소해 주세요.

❺ 창문을 닫아 주세요.

❻ 설거지해 주세요.

❼ 세탁기를 돌려 주세요.

❽ 쓰레기를 버려 주세요.

2. ❶ 간장 ❷ 설탕 ❸ 참기름

❹ 당근 ❺ 양파 ❻ 파

❼ 마늘 ❽ 소고기 ❾ 섞어요.

❿ 넣어요. ⓫ 볶아요.

3. ❶ 라면 ❷ 파 ❸ 콩나물

❹ 계란 ❺ 치즈 ❻ 잘라요.

❼ 끓여요. ❽ 넣어요. ❾ 끓여요.

❿ 넣어요. ⓫ 넣어요. ⓬ 넣어요.

5. 예

저는 토스트를 잘 만들어요. 특히 치즈토스트를 자주 만들어요. 엄마한테서 배웠어요. 요리법이 아주 쉬워요. 가르쳐 드릴게요.

먼저 빵하고 치즈를 준비해요. 빵을 잘라요. 그리고 빵 사이에 치즈를 넣어요. 그다음에 오븐에 넣고 구워요.

오븐이 없어요? 그럼 프라이팬으로 만들 수 있어요. 아주 쉽고 맛있어요. 한번 만들어 보세요.

7-② p.73-74

2. 예

저는 여름 방학 때 친구들하고 통영에 가 봤어요. 통영은 한국에서 유명한 곳이에요. 바다가 예쁘고 해산물이 맛있어요. 그래서 거기에 가 보고 싶었어요. 통영은 한국 남쪽에 있어요. 서울에서 통영까지 자동차로 네 시간 반쯤 걸렸어요. 통영에서 배를 탔어요. 그리고 맛있는 회도 먹고 기념품도 샀어요. 통영 경치가 정말 좋았어요. 아침에 아름다운 해를 볼 수 있었어요. 다음에는 강릉에 가고 싶어요. 강릉에서 순두부를 먹고 커피 거리에 가고 싶어요.

8-① p.75-78

1. ❶ 한국 노래를 좋아해서 많이 들어요.

❷ 머리가 아파서 약을 먹으려고 해요.

❸ 쓰기가 재미있어서 쓰기 수업을 좋아해요.

❹ 한국어를 할 줄 알아서 한국 생활이 재미있어요.

❺ 한국 날씨가 추워서 두꺼운 옷을 사야 해요.

⑥ 집이 학교에서 가까워서 걸어서 학교에 가요.

⑦ 어제 못 쉬어서 피곤해요.

⑧ 점심을 많이 먹어서 지금 배가 고프지 않아요.

⑨ 다음 달에 여행을 가서 큰 가방을 샀어요.

⑩ 다음 주에 친구가 한국에 와서 공항에 갈 거예요.

2. 예

① 숙제를 못 했어요.

② 콘서트에 갈 수 없었어요.

③ 집에 있어요.

④ 놀러 가려고 해요.

⑤ 공원에 놀러 갈 거예요.

3. ① 앤디 씨가 재미있어서

② 다음 주에 시험이 있어서

③ 어제 많이 걸어서

④ 한국 배우를 좋아해서

⑤ 요즘 건강이 안 좋아서

4. ① 많이 연습하려고 해요.

    예 한국 친구를 만들려고 해요.

② 친구하고 같이 공부하려고 해요.

    예 단어를 외우려고 해요.

③ 약국에서 약을 사려고 해요.

    예 집에서 쉬려고 해요.

④ 서울을 안내하려고 해요.

    예 제주도에 여행 가려고 해요.

⑤ 이사하려고 해요.

    예 아침에 일찍 일어나려고 해요.

5. 예

1

① 아르바이트를 하려고 해요.

② 한국에서 한국어를 공부하려고 해요.

③ 태권도를 배우려고 해요.

2

① 서울 여기저기를 구경하려고 해요.

② 6급까지 공부하려고 해요.

③ 많이 여행하려고 해요.

3

① 한국에서 일하려고 해요.

② 회사를 만들려고 해요.

③ 책을 쓰려고 해요.

8-② p.79-82

1. 예

① 앤디 씨는 어제 밤 늦게까지 축구 경기를 봤어요. 축구가 밤 4시에 끝났어요.

② 알람을 못 들었어요. 계속 잤어요.

③ 앤디 씨는 9시에 일어났어요. 어떻게 해요? 9시에 수업이 시작해요.

④ 오늘 시험을 봐요. 그래서 선생님이 "수업에 늦지 마세요." 라고 말씀하셨어요. 앤디 씨는 학교에 뛰어갔어요.

⑤ 앤디 씨는 9시 30분에 학교에 도착했어요. 그런데 학교 복도가 어두웠어요.

⑥ 앤디 씨는 교실에 들어갔어요. 하지만 친구들이 없었어요. 선생님도 안 계셨어요.

⑦ 그때 한스 씨한테서 전화가 왔어요.

⑧ 앤디 씨는 전화를 받았어요. 한스 씨가 말했어요. "앤디 씨, 어디예요? 제가 앤디 씨를 기다리고 있어요."

⑨ 오늘은 토요일이에요. 그래서 수업이 없어요. 그리고 오늘 한스 씨하고 등산 약속이 있었어요.

⑩ 앤디 씨는 약속 장소에 갔어요. 그리고 한스 씨하고 등산 했어요.

3. 예

저는 세 달 전에 한국에 왔어요. 한국어를 배우러 한국에 왔어요. 저는 미국에서 한국 드라마를 많이 보고 K-Pop도 많이 들어서 한국어를 배우고 싶었어요.

서강대학교 말하기 수업이 유명해요. 그래서 서강대학교에 왔어요. 말하기 수업이 아주 재미있어요. 그래서 지금은 세 달 전보다 한국어를 더 잘해요. 친구들도 재미있어요. 여러 나라 친구들을 많이 만났어요. 바야르 씨는 몽골에서 왔어요. 직업이 가이드예요. 그래서 한국을 잘 알아요. 가브리엘 씨는 브라질 사람이에요. 프로그래머예요. 맛있는 음식을 좋아하고 운동도 좋아해서 수업 후에도 많이 만났어요. 우리 반 친구들하고 서울 여기저기를 구경하고 공부도 열심히 했어요. 다음 학기에도 계속 한국어를 공부할 거예요. 서강대학교에서 3급까지 공부하려고 해요. 하지만 한국어가 어려워요. 그래서 이번 방학 때 1급을 복습하려고 해요.

1~2 복습   p.83-86

1. ① 저는 토요일에 미나 씨하고 한강 공원에 갈 거예요.
　② 오후에 다른 약속이 있어요.
　③ 지난주에 한강 공원에서 자전거를 탔어요.
　④ 서울 생활이 아주 마음에 들어요.
　⑤ 저는 미나 씨하고 한국어로 이야기하고 싶어요.
　⑥ 지금 집이 좀 불편해요.
　⑦ 이번 학기가 한 달 후에 끝나요.
　⑧ 남대문 시장에서 한국 여행 선물을 살 수 있어요.
　⑨ 싼 옷을 살 수 있어요. 그리고 예쁜 액세서리를/도 살 수 있어요.
　⑩ 남산이 명동에서 가까워요. 멀지 않아요.

2. 예
　① 한국어를 조금 할 수 있어요.
　② 한국어를 잘해야 해요.
　③ 높지 않아요.
　④ 먹어 보세요.

3. 예
　① 이 티셔츠가 마음에 들어요.
　② 남산 서울타워가 유명해요.
　③ 한국어가 쉬워요. 어렵지 않아요.
　④ 부산이 멀지 않아요. KTX로 세 시간 걸려요.
　⑤ 어제 늦게까지 영화를 봤어요.

4. 예
　① 학교에서 공부할 수 있어요.
　　학교에서 테니스를 배울 수 있어요.
　　학교에서 수영할 수 없어요.
　　학교에서 큰 소리로 음악을 들을 수 없어요.
　② 한국 친구를 만나야 해요.
　　친구하고 연습해야 해요.
　　학교에 매일 가야 해요.
　③ 한국 생활이 재미있어요.
　　한국 생활이 바빠요.
　　한국 생활이 재미없어요.
　④ 생일이 5월 28일이에요.
　　생일 때 예쁜 티셔츠를 받고 싶어요.

5. 예
　A : 어서 오세요. 뭐 찾으세요?
　B : 예쁜 티셔츠 있어요?
　A : 이거 어때요?
　B : 입어 볼 수 있어요?
　A : 그럼요.
　B : 어때요? 크지 않아요?
　A : 안 커요. 아주 예뻐요.
　B : 그럼 이거 주세요.
　A : 카드로 하실 거예요? 현금으로 하실 거예요?
　B : 카드로요.

6. 예

> 　저는 한강 공원에 가고 싶어요. 서울에 한강 공원이 많아요. 여의도에 큰 한강 공원이 있어요. 여의도 한강 공원은 아주 넓어요. 거기에서 자전거를 탈 수 있어요. 그리고 산책할 수 있어요. 잔디밭에서 치맥을 할 수 있어요. 한강 공원 옆 편의점에서 라면을 꼭 먹어야 해요. 아주 맛있어요. 지하철 5호선을 타요. 그리고 여의나루역에서 내려요. 신촌에서 여의도 한강 공원까지 30분쯤 걸려요.

3~4 복습   p.87-90

1. ① 저는 토요일에 인사동이나/하고 북촌에 가고 싶어요.
　② 앤디 씨는 친구들하고 월드컵 공원에 놀러 갔어요.
　③ 월드컵 공원은 학교에서 멀지 않았어요.
　④ 앤디 씨가 이겼어요. 그래서 기분이 좋았어요.
　⑤ 다음에는 우리 둘이서만 와요.
　⑥ 4시에 학교 정문 앞에서 만나요.
　⑦ 날씨가 안 좋아요. 비가 와요. 그리고 바람이/도 많이 불어요.
　⑧ 할머니는 요즘 건강이 안 좋으세요.
　⑨ 어머니는 드라마를 아주 좋아하세요.
　⑩ 앤디 씨는 열이 많이 났어요. 그리고 목이/도 많이 아팠어요.

2. 예
　① 점심 먹고 숙제해요.
　② 영화 볼까요?
　③ 커피를 드세요.
　④ 산책하셨어요.

3. 예
　① 친구들하고 다 같이 게임을 했어요.
　② 축제 때 다양한 이벤트가 있어요.
　③ 어제 머리가 많이 아팠어요. 그래서 학교에 올 수 없었어요.
　④ 오늘 비가 오고 바람도 많이 불어요.
　⑤ 다음 주에 시험을 볼 거예요. 그래서 열심히 공부해야 해요.

4. 예

① 저는 두 달 전에 한국에 왔어요. 저는 한국어를 배우러 한국에 왔어요.

② 저는 캐나다에서 대학교에 다녔어요. 그때 한국 친구를 많이 만났어요. 한국 친구들하고 한국어로 이야기하고 싶어요. 그래서 한국어를 배워요.

③ 네, 한국 음식을 좋아해요. 김밥하고 떡볶이하고 삼겹살을 좋아해요.

④ 보통 저녁 때 식사하고 텔레비전을 봐요.

5. 예

A : OO 씨, 주말에 시간 있어요?

B : 왜요?

A : 요즘 날씨가 좋아요. 우리 같이 자전거 타러 갈까요?

B : 좋아요. 그런데 저는 자전거가 없어요.

A : 공원에서 자전거를 빌릴 수 있어요.

B : 그래요? 좋아요. 그럼 우리 자전거 타고, 같이 저녁도 먹을까요?

A : 좋아요. 무슨 음식을 좋아해요?

B : 저는 한국 음식을 다 좋아해요.

A : 제가 맛있는 식당을 알아요. 그럼 내일 몇 시에 어디에서 만날까요?

B : 3시에 신촌 역에서 만나요.

6. 예

> 일본은 계절마다 많은 축제가 있어요. 특히 여름에 축제가 많아요. 하나비대회는 정말 재미있는 불꽃축제예요. 7월이나 8월에 축제에 갈 수 있어요.
>
> 사람들이 전통 옷을 입고 가요. 불꽃놀이를 구경하고 게임도 할 수 있어요. 불꽃이 아주 크고 아름다워요. 사진을 꼭 찍어야 해요. 여러 가지 음식도 먹을 수 있어요. 오코노미야키하고 타코야키가 맛있어요. 꼭 먹어 보세요.

5~6 복습   p.91-94

1. ① 저는 수영을 할 줄 알아요. 그리고 골프를/도 칠 줄 알아요.

② 저는 한국 문화에 관심이 많아요.

③ 어려운 단어가 있어요? 그럼 선생님한테 물어보세요.

④ 일주일에 세 번 테니스장에 가요.

⑤ 지하철이 버스보다 더 빨라요.

⑥ 한스 씨는 오후에 회사에 다녀요.

⑦ 한국 친구를 만나고 싶어요. 한국 친구를 소개해 줄 수 있어요?

⑧ 지하철에서 가방을 잃어버렸어요? 그럼 유실물 센터에 전화해 보세요.

⑨ 지훈 씨는 대학교에서 신문방송학을 전공했어요.

⑩ 김밥하고 비빔밥 중에서 뭐가 더 싸요?

2. 예

① 피아노를 칠 줄 몰라요.

② 커피를 마시고 있어요.

③ 액션 영화보다 더 재미있어요.

④ 친구를 만나거나 집에서 낮잠을 자요.

⑤ 어렵지만 재미있어요.

3. 예

① 말하기 선생님이 너무 빨리 말해요.

② 한국 생활이 힘들지만 재미있어요.

③ 사라 씨는 한국 영화에 관심이 많아요.

④ 혹시 이 핸드폰 누구 거예요?

⑤ 가브리엘 씨가 텔레비전을 보고 크게 웃었어요.

4. 예

① 저는 수영을 할 줄 알아요. 고등학교 때 1년 동안 배웠어요.

② 보통 시간이 있을 때 텔레비전을 보거나 컴퓨터 게임해요.

③ 앤디 씨가 핸드폰을 하고 있어요. 그리고 완 씨가 숙제를 하고 있어요.

④ 영어를 할 줄 알아요. 영어하고 한국어 중에서 한국어가 더 어려워요.

5. 예

A : 언제부터 한국어를 배웠어요?

B : 두 달 전부터 배웠어요.

A : 왜 한국어를 배우고 싶었어요?

B : 저는 한국 문화에 관심이 많아요. 그래서 배우고 싶었어요.

A : 한국어 공부가 어때요?

B : 재미있지만 조금 어려워요.

A : 그래요? 뭐가 어려워요?

B : 한국 사람 말이 조금 빨라요. 그래서 말을 이해할 수 없어요. 앤디 씨는 듣기 공부를 어떻게 해요?

A : 저는 한국어 책 mp3를 매일 세 번 들어요. 그리고 한국 드라마도 봐요. 완 씨도 mp3를 매일 들어 보세요.

B : 알겠어요. 정말 고마워요.

6. 예

> 저는 김지훈입니다. SG 방송국에서 일하고 싶습니다. 저는 대학교에서 신문방송학을 전공했습니다. 그래서 대학교 때 1년 동안 방송국에서 아르바이트를 했습니다.
>
> 저는 일본어하고 영어를 할 줄 압니다. 특히 일본어를 잘합니다. 고등학교 때 2년 동안 일본에서 살았습니다. 그래서 일본어로 말할 수 있고 일본 문화도 잘 압니다. 그리고 영어에도 관심이 많습니다. 대학교 때 미국 회사에서 인턴도 했습니다. 또 다양한 컴퓨터 프로그램을 사용할 수 있습니다.
>
> SG 방송국에서 좋은 방송을 만들고 싶습니다. 잘 부탁드립니다.

7~8 복습 p.95-98

1. ❶ 친구가 한국에 와서 서울을 안내해야 해요.
❷ 한국 회사에서 일하고 싶어요. 그래서 한국어로 자기소개서를 썼어요.
❸ 어제 일이 생겨서 완 씨 생일 파티에 못 갔어요.
❹ 숙제를 아직 못 했어요. 너무 어려워요.
❺ 요즘 한국 날씨가 추워서 두꺼운 옷이 필요해요.
❻ 기침이 나고 열도 나요. 감기에 걸렸어요.
❼ 다음 주에 TOPIK 시험을 보려고 해요.
❽ 저는 오이를 안 좋아해요. 오이를 빼 주세요.
❾ 완 씨가 한국 요리를 할 줄 알아요. 저는 완 씨한테서 불고기를 배웠어요.
❿ 다음 주에 한국에 갈 거예요. 뉴욕 시간으로 화요일 저녁 10시에 출발해요.

2. 예
❶ 가 봤어요.
❷ 가르쳐/알려/소개해 드릴게요.
❸ 좋아서
❹ 빠르지요?
❺ 공부하려고/한국어를 배우려고 해요.

3. 예
❶ 방학 때 서울 여기저기를 구경하려고 해요.
❷ 가끔 고향 음식을 먹고 싶어요.
❸ 지하철이 빨라서 금방 도착했어요.
❹ 하루카 씨는 똑똑한 친구예요.
❺ 한국 겨울 날씨가 추워서 두꺼운 옷이 필요해요.

4. 예
❶ 네, 좋아해요. 비빔밥하고 불고기를 먹어 봤어요. 아주 맛있었어요.
❷ 네, 강릉에 가 봤어요. 바다가 아주 예뻤어요.
/ 아니요, 아직 못 해 봤어요. 이번 방학 때 부산에 가려고 해요.
❸ 한국 지하철이 고향 지하철보다 더 편해요. 서울 여기저기에 빨리 갈 수 있어요.
❹ 이번 방학 때 반 친구들하고 부산에 여행 갈 거예요.

5. 예
A : 고향이 어디예요?
B : 미국 샌프란시스코예요.
A : 한국에서 얼마나 걸려요?
B : 비행기로 12시간쯤 걸려요.
A : 고향 날씨가 어때요?
B : 좋아요. 그런데 바람이 좀 불어요.
A : ○○ 씨 나라에 여행 갈 때 뭐 가지고 가야 해요?
B : 긴 티셔츠, 긴 바지를 가지고 가야 해요. 우산도 필요해요.
A : 왜요?
B : 한국보다 조금 더 춥고 비가 자주 와요.

6. 예

> 저는 지난주에 삼계탕을 먹어 봤어요. 유튜브에서 한국 음식을 많이 봤어요. 저는 닭고기를 좋아해서 삼계탕을 먹어 보고 싶었어요. 삼계탕은 뜨겁지만 여름 음식이에요. 여름은 날씨가 너무 더워서 건강이 안 좋거나 자주 피곤해요. 그때 삼계탕을 먹어요. 한국 친구가 맛있는 삼계탕집을 알려 줬어요. 서울 시청 근처에 있어요. 서강대학교에서 지하철로 30분쯤 걸려요. 그래서 주말에 반 친구들하고 먹으러 갔어요. 아주 맛있었어요. 짜지 않고 기름도 많지 않았어요. 삼계탕에 파를 넣어요. 그럼 더 맛있어요. 다음에는 닭갈비를 먹어 보려고 해요. 한국에서 닭고기 음식을 많이 먹어 보고 싶어요.

복습 p.99-102

1. ❶ 조용해요, 조용한, 시끄럽지 않아요.
❷ 비싸요, 비싼, 싸지 않아요.
❸ 높아요, 높은, 낮지 않아요.
❹ 적어요, 적은, 많지 않아요.
❺ 느려요, 느린, 빠르지 않아요.

⑥ 커요, 큰, 작지 않아요.

⑦ 길어요, 긴, 짧지 않아요.

⑧ 가벼워요, 가벼운, 무겁지 않아요.

⑨ 달라요, 다른, 같지 않아요.

⑩ 맛없어요, 맛없는, 맛있지 않아요.

2. ① 앤디 씨 카메라가 미나 씨 카메라보다 더 비싸요.

② 미나 씨 드라이기가 수잔 씨 드라이기보다 더 커요.

③ 앤디 씨 가방이 한스 씨 가방보다 더 무거워요.

④ 완 씨 구두가 바야르 씨 구두보다 더 높아요.

3. ① 가세요.　　　　　② 읽으세요.

③ 들으세요.　　　　　④ 할 줄 아세요.

⑤ 주무세요.　　　　　⑥ 드세요.

⑦ 계세요.　　　　　⑧ 안 계세요.

⑨ 말씀하세요.　　　　⑩ 사세요.

⑪ 오셨어요.　　　　　⑫ 치셨어요.

⑬ 입으셨어요.　　　　⑭ 걸으셨어요.

⑮ 사셨어요.

4. 예

① 내일 시험이 있어서 공부해야 해요.

② 지금 강아지하고 산책하고 있어요.

③ 저는 중국어를 할 줄 알아요.

④ 매일 운동하려고 해요.

⑤ 제주도에 가 봤어요.

5. ① 청소하고　　　　　② 보거나

③ 알지만　　　　　④ 좋아해서

6. 예

① 미안해요. 지금은 이야기할 수 없어요.

② 아니요, 멀지 않아요. 가까워요.

③ 비빔밥하고 불고기를 좋아해요.

④ 점심 먹고 숙제해요.

⑤ 네, 좋아요. 같이 봐요.

⑥ 네, 배가 아파요.

7. 예

① 갈비 먹어 봤어요?

② 언제 한국에 오셨어요?

③ 스키 탈 줄 알아요?

④ 주말에 보통 뭐 해요?

⑤ 버스하고 지하철 중에서 뭐가 더 빨라요?

⑥ 왜 한국어를 배워요?

<서강한국어 쓰기 Writing Book (2024)>

집필진 Authors

이석란 Lee Seok-ran

서강대학교 한국어교육원 교수
Professor, KLEC, Sogang University

이화여자대학교 한국학과 한국어교육전공 박사 수료
Ph.D. Candidate in Teaching Korean as a Foreign Language, Ewha Womans University

최연재 Choe Yeon-jae

서강대학교 한국어교육원 대우전임강사
Instructor, KLEC, Sogang University

한국외국어대학교 국어국문학과 한국어교육전공 박사 수료
Ph.D. Candidate in Teaching Korean as a Foreign Language, Hankuk University of Foreign Studies

구은미 Koo Eun-mi

서강대학교 한국어교육원 대우전임강사
Instructor, KLEC, Sogang University

오사카외국어대학 국제언어사회전공 일본어교육 석사
M.A. in Japanese Language Education, Osaka University of Foreign Studies

윤자경 Yun Ja-kyung

서강대학교 한국어교육원 대우전임강사
Instructor, KLEC, Sogang University

서울대학교 국어교육과 한국어교육전공 석사
M.A. in Korean Language Education, Seoul National University

홍고은 Hong Ko-eun

서강대학교 한국어교육원 대우전임강사
Instructor, KLEC, Sogang University

서울대학교 국어교육과 한국어교육전공 박사 수료
Ph.D. Candidate in Korean Language Education, Seoul National University

이진주 Lee Jin-ju

서강대학교 한국어교육원 대우전임강사
Instructor, KLEC, Sogang University

서울대학교 국어교육과 한국어교육전공 석사
M.A. in Korean Language Education, Seoul National University

영문 번역 English Translation

카루쓰 데이빗 David Carruth

전문번역가
Korean-English Translator

존브라운대학교 영어영문학과 학사
B.A. in English Literature, John Brown University

외부 자문 Outside Counsel

남애리 Nam Ae-ree

네덜란드 레이던대학교 한국학과 교수
Lecturer, Korean Studies, Leiden University

위스콘신대학교 제2언어습득 박사
Ph.D. in Second Language Acquisition, University of Wisconsin, Madison

내부 감수 Internal Editor

김정아 Kim Jeong-a

서강대학교 한국어교육원 대우전임강사
Instructor, KLEC, Sogang University

중앙대학교 노어학과 석사
M.A. in Russian Linguistics, Chung-Ang University

교정·교열 Copyediting and Proofreading

최선영 Choi Sun-young

서강대학교 한국어교육원 대우전임강사
Instructor, KLEC, Sogang University

이화여자대학교 한국학과 한국어교육전공 석사
M.A. in Korean Language Education, Ewha Womans University

영문 감수 English Proofreading

강사희 Kang Sa-hie

미국 미들베리칼리지 한국어교육원 원장 겸 교수
Professor of Korean and Director, School of Korean, Middlebury College

플로리다대학교 언어학 박사
Ph.D. in General Linguistics, University of Florida

백승주 Baek Seung-joo

전남대학교 국어국문학과 교수
Professor, Korean Language and Literature, Chonnam National University

연세대학교 국어국문학과 박사
Ph.D. in Korean Language and Literature, Yonsei University

엄혜진 Eom Hye-jin

서강대학교 한국어교육원 대우전임강사
Instructor, KLEC, Sogang University

한양대학교 교육공학 석사
M.A. in Educational Technology, Hanyang University

제작진 Staff

디자인·제작 도서출판 하우
Book Design

일러스트 장명진, 이새, 강정연, 이성우
Illustration

출판에 도움을 주신 분 Special Thanks

소중한 도움을 주신 서강대학교 한국어교육원의 선생님들, 학생들 그리고 행정직원 선생님들께 감사의 마음을 전합니다. 그리고 교재 집필 중에 지원과 격려를 아끼지 않은 가족분들과 친구들에게 감사드립니다.

We would like to thank the following people for their valuable assistance: the teachers, students and administrative staff at the Sogang University Korean Education Language Center. We would also like to thank our family and friends for their support and encouragement during the writing of the textbook.

WRITING BOOK 1B

주소　서울시 마포구 백범로 35 서강대학교 한국어교육원
Tel　(82-2) 713-8005
Fax　(82-2) 701-6692
E-mail　jphong@sogang.ac.kr

 서강대학교 한국어교육원
http://klec.sogang.ac.kr
K.L.E.C

 서강한국어 교사 사이트
http://koreanteachers.org
Sogang Korean Teachers

 여름 특별과정(7-8월)
http://koreanimmersion.org
S.K.I.P

세트

ISBN　979-11-6748-162-7　서강한국어 STUDENT'S BOOK 1B
　　　　979-11-6748-165-8　서강한국어 STUDENT'S BOOK 1B　영어　문법·단어참고서 (비매품)
　　　　979-11-6748-166-5　서강한국어 STUDENT'S BOOK 1B　중국어　문법·단어참고서
　　　　979-11-6748-167-2　서강한국어 STUDENT'S BOOK 1B　일본어　문법·단어참고서
　　　　979-11-6748-168-9　서강한국어 STUDENT'S BOOK 1B　태국어　문법·단어참고서
　　　　979-11-6748-163-4　서강한국어 WORKBOOK 1B
　　　　979-11-6748-164-1　서강한국어 WRITING BOOK 1B

출판·판매·유통

초판 발행　2024년 8월 22일
펴낸이　박영호
펴낸곳　(주)도서출판 하우
주소　서울시 중랑구 망우로68길 48
Tel　(82-2) 922-7090　　　　**Fax**　(82-2) 922-7092
홈페이지　http://www.hawoo.co.kr　　**E-mail**　hawoo@hawoo.co.kr
등록번호　제2016-000017호